［日］小松美羽 —著
MIWA KOMATSU

伍能位
潘郁灵—译

世界のなかで
自分の役割を
見つけること

兽的使命

神谕的引领

本を
手に取って下さり
ありがとうございます

小松美羽

CTS 湖南文艺出版社
HUNAN LITERATURE AND ART PUBLISHING HOUSE

博集天卷
CS-BOOKY

于索尼"Xperia"电视广告录制现场

上：正在专注雕刻铜版画的作者（此照片也成为作者被媒体关注的契机）

下：于 GQ Taiwan21 周年纪念活动主会场进行现场创作

上：初到纽约，进行"高强度艺术集训"

下："2017 TIAN GALA 华生·天辰之夜"活动现场

上：2019 年于第 76 届威尼斯电影节现场创作的作品

下：第 10 届长野灯明祭

上：《新·风土记》敬奉仪式（摄于出云大社）

下：神兽赞美歌《春鹰捎来幸福，土壤丰盛》

2017 年于 GQ Taiwan 21 周年纪念活动现场创作的作品

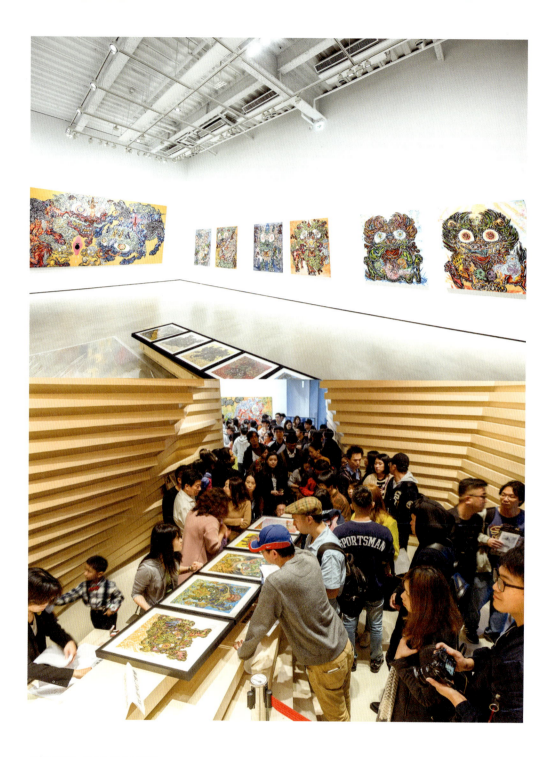

"白石画廊·台北"的个展现场

小松美羽团队（摄于"白石画廊·台北"个展现场）

《四十九日》

左：《自以为是的岁月》

右：《神与子》（《可爱的睡颜》）

《持续照耀，不断前进》

《神兽与八百万众神们的盛宴》

《秘佛・宇宙》

《新·风土记》

《天地的守护兽》（左：地 右：天）

《阿狮子 第一形态》

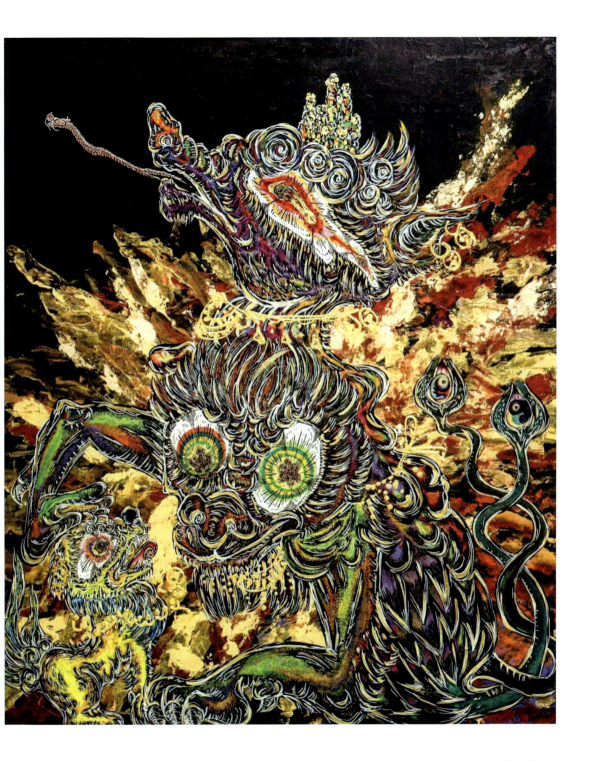

《祈愿丰饶》

《黄金之风，指向无限的未来》

《父之姿·母之心·子之爱》

《满月之日，神兽们鸣声震地，响彻钟乳石洞》

《日出之地即王道》

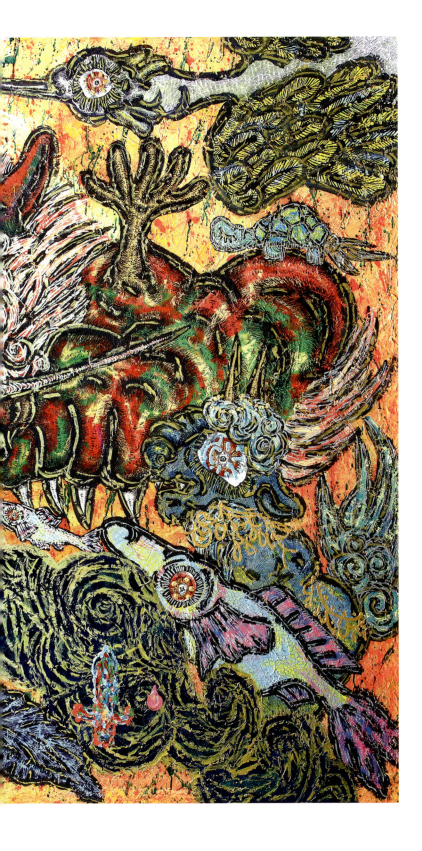

《世人皆可成为龙》

《持有真诚之心站立，答案将会显现在眼前》

《天翔龙》

《夜光神兽》

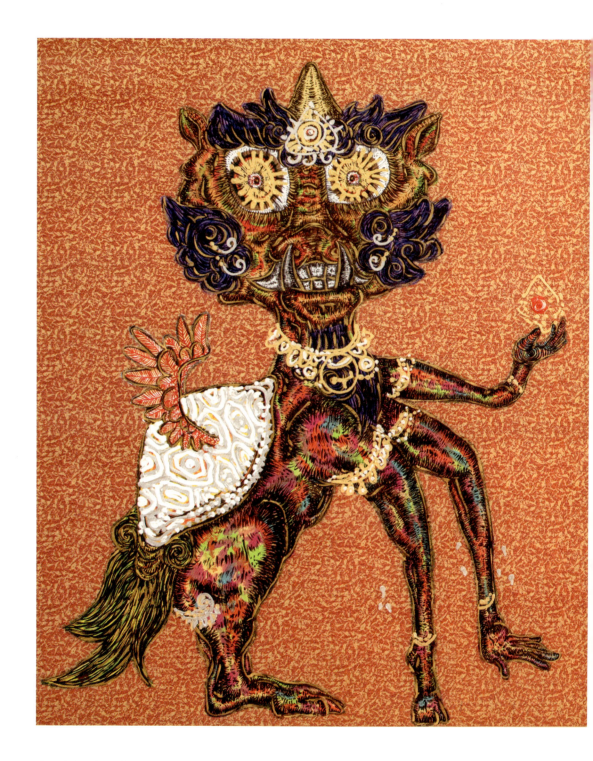

《威尼斯的天空　红色之时》

《威尼斯的天空　碧色之河川》

左右：《一对的风》

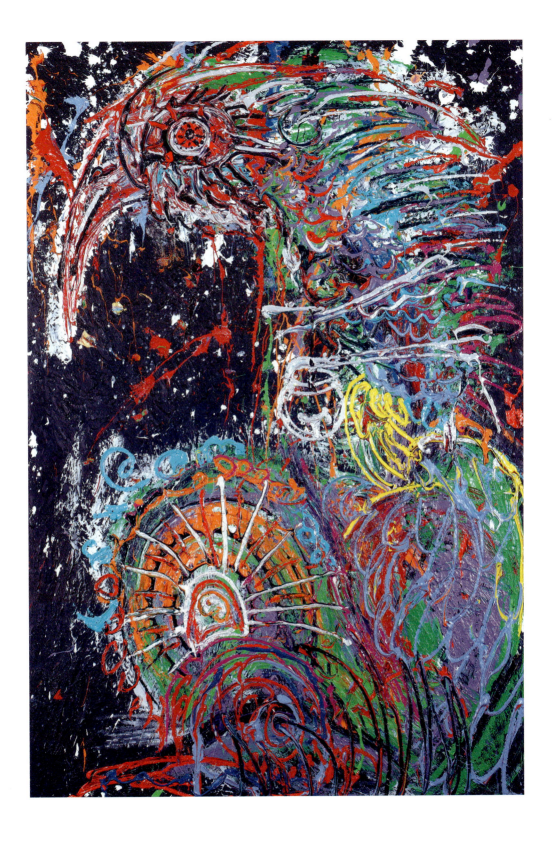

《心灵相通》

《一二之月，阴阳三道》

Dila Boccia（《大太郎法师》）

《千曲川的神们》

《遗迹的守卫者》

前　言

没有疑惑。

也没有不安。

面向画布，拾起画笔。线条在笔下游走，颜料混合在一起。起笔之间，大开大合。画笔舞动，十指翻飞。

颜料响起愉悦的欢呼。色彩饱含独特的意义。手、脸、衣服，甚至赤脚的脚尖，全都与画作融为一体。不知不觉，我已然化身为眼前画作的母亲。

我心心念念，自己的灵魂所释放出来的热情，能够与那些存在于这方世界和广袤宇宙中的无数生命所释放的热情融为一体。我虔心祈祷，这个卑微的自己能够感知神兽和精魂们的热情。

终于，作品中的神兽开始自由地舞动。他咆哮，他睁眼，他龇牙，他嘶吼。狍犬欢欣鼓舞，昂首冲向前方。

画。尽情地画。

就像呼吸一样，须臾不停。

就像衍生、融合、创造、永续。

当代艺术家，画家，绘画师。

虽然称呼的头衔多种多样，然而我明白，自己就是一个以画为生的人。

我所画的，是那些守护圣域的神兽、供神灵们差遣的守护兽以及精魂们。

就如寺庙和神社里的狛犬、埃及的斯芬克斯，以及美索不达米亚的狮子一样，在这个世界上，留下了许多超越了宗教和文化的神兽与守护兽的形象。而我的作品，也和这些谱系的精灵们一脉相承。

我一直认为，绘画既是一门在现实中用来吃饭谋生的职业，同时也是一份超越个人限阈，用自己的灵魂对这个世界肩负的使命。

上小学的时候，大家应该都有担任小小"代表"的经历吧。比如，生物课小代表、图书管理小代表、卫生保健小代表……

与此同理，既然来到了这个世界上，无论你是谁，总是免不了扮演某种"代表"的角色。

我时常觉得自己担当的"代表"角色，就是通过绘画，把那个看不见的世界和这个现实世界连接在一起。

对我而言，能够生在日本这个国度绝非偶然，而且正是有了这个国家特有的大和之力的加持，才会有我的一路成长。我觉得自己肩负使命，那就是总有一天，我要将这种力量推向全世界。

长野县坂城町是一个深受自然庇护的地方，在那里人和异界的魂灵能够互相交流。我相信自己能够在这样一个地方长大也绝非偶然，因为我被赋予了一项使命，那就是连接那个看不见的世界和这个看得见的现实世界。

或许也正因如此，当我二十岁创作的铜版画作品《四十九日》问世后，才会引起如此众多的关注。

然而，无论是2015年10月，和有田烧的弥左卫门窑协力打造的立体作品《天地的守护兽》在大英博物馆展出并被永久收藏，还是同年11月，绘画作品《遗迹的守卫者》在世界上最大的艺术品拍卖行"佳士得"被拍出，都不是因为我是个逆天的天才，也不是因为我有多么优秀。

而是因为，在这个世界上，我就是那个要通过绘画向世人传递重要讯息的"代表"，所以我得到了这些能够向更多世人展示的机会，从而更好地完成自己肩负的使命。我真心这么觉得。

所谓的"重要讯息"，或许就是那些千百年来人们通过绘画、宗教、文学、音乐、舞蹈以及哲学等载体，所代代传承的东西。

这样一个青涩的我，仍然无力出色地完成这份使命。但是这让我更加坚定，在今后的日子里要加倍努力，孜孜以求，勤学精进。

当然，我也不是一生下来就知道自己的使命。

回想起来，小时候的自己也只是个懵懵懂懂的孩子。自打有记忆的时候起，我就已经在画画。随着年龄的增长，虽然想要画画的心志依旧坚如磐石，但至于自己究竟要扮演一份什么样的"代表"角色，却始终不得要领。

孩提时代，我在报纸里夹着的广告传单背面绘画，这就足够令我乐此不疲。中学时代，因为不知道怎么和周围的人相处，经常请假。后来经过女子美术大学短期大学部的学习考上了研究生，前后总共度过了四年心无旁骛拼命学习绘画的求学时代。尽管如此，走出校门后想要靠绘画吃饭谋生却也绝非易事。有时候你拼命地想要把作品推销出去，用力过猛了，还会被对方严厉批评"真恶心"。所以，一直到二十八岁以前，我都靠打工来维持生计。

但是，随着向周围的人敞开心扉，我也终于找到了自己的使命，从那时候开始，我自己也一点一点慢慢发生了改变。

这本书，不是为了要回顾我的"过去"。

这本书，是为了帮助你在我的"过去"中，发现你自己的"未来"。我衷心祈愿，我们能在书中一见如故。

这本书，也是为了帮助你通过我的"使命"，找到你自己的"使命"。

我并不是什么上天的特选之人。

每一个人都有自己的使命，我只是碰巧先一步将它找到罢了，仅此而已。

你也终将在这个世界中找到属于自己的那份使命，并将其实现。在这个过程中，如果这本书能够成为一个对你有所启发的契机，于我而言那是何等令人喜不自胜的幸事。因为"找寻自己的使命"，实际上就是在找寻自己活着的意义。

正是出于这样的考虑，我才决定写下自己曾经走过的轨迹。

包括：

关于青春期的烦恼和人际交往；

关于看不见的世界的传说，神兽以及世界宗教；

关于我热爱的狍犬和冥想；

关于日本的传统技艺，以及蓬勃发展的亚洲艺术市场；

关于伊势神宫和出云大社，以及在有田烧窑场的美妙际会；

还有，在纽约学习的收获，在以色列体会的感悟以及泰国圣者传授的启示，也一并会在书中分享；

甚或，呈现最好的作品需要的团队协作，作为一名当代艺术家在世间行走所需要花费的真金白银，等等，这些话题也将毫不讳言，为你一一道来。

林林总总所有这些，表面上看起来似乎杂乱无章，但实际上却是紧密相连的。

原本，这世上万物，无不相连。

一个一个的你我聚沙成塔，达成各自的使命，共同成就这个世界，同时也与那个看不见的世界紧密相连。

不管是你，还是我，都是世界拼图中独一无二的一片。

我希望，你也能找到属于你自己的那一片。

小松美羽

2018年2月

目 录

1 作为连接桥梁的艺术
《天地的守护兽》与大和力

2 艺术的起点
山犬先生和水杉之梦

3 勇于超越"自己的心"
《四十九日》诞生之前的日日夜夜

4 将大和力，推向世界
出云大社赐予的《新·风土记》

5 面向未来的艺术
《遗迹的守卫者》和自己的使命

1

作为连接桥梁的艺术

《天地的守护兽》与大和力

艺术是连接灵魂的工具

我们在日常生活中，离不开对语言的使用。

心情大好的清晨，想要元气满满的清晨，我们会喊一声"早啊"。

高兴的时候，表达谢意的时候，我们会说一句"谢谢"。

在重要的人面前，在爱着的人面前，我们也都会通过语言来表达自己的内心想法。

当想要挽救因误解而出现裂痕的关系时，我们会一边哭泣，一边不顾一切地想方设法向对方诉说自己的衷肠。

很多时候，我们都需要依靠语言来传达我们的情绪。所以，我们每天都在不停地说话，而现在，我也通过写这本书在做着同样的事情。

尽管如此，语言却无论如何也算不上一件完美的工具。

有些想法，即便我们穷尽语言也难以表达其中之万一。有些时候，甚至还因为微不足道的三言两语，而让我们心生嫌隙。

对此，我们应该感到悲哀吗？

我并不这么认为。

这世上还有其他工具能把人与人连接到一起，语言只不过是可供选择的其中一种。若是能有如此的想法，也就会想要用一用语言之外的其他工具。

我作画的时候，不光用画笔，有时候也使用双手，甚至也会抓起一管颜料直接在画布上涂抹。因为，有越多可供选择的工具，就越能画出我想要表达的作品。同样的道理，连接的工具越多，就越能建立起更加深刻、更加强韧的联系。

在人与人之间。在灵魂与灵魂之间。在天和地之间。在那个世界和这个世界之间。

要在不同的对象之间建立联系，除了语言的确还有其他许多可供交流的工具。

而我坚信，艺术也是其中的一种。

艺术，并不是特定族群才能享受的特殊存在。它对任何人而言都不可或缺，它是所有人用以治愈灵魂，并通过灵魂连接生命的"工具"。

不管是在哪个国家，遇到什么样的人，总有那么一瞬间，我们不需要语言就能心有灵犀。

那是一种灵魂与灵魂的感应，超越了文化、性别和年龄这些所有的外在属性。我一直在感受这样的瞬间，这种通过艺术与人连接的瞬间。

比如，2017年6月，在东京纪尾井会议中心举办的个展"神兽~

二十一区~"[1]上，来了很多观展的人。其中当然有相当部分是艺术爱好者，也有很多喜欢绘画的人，但是我知道，如果仅凭这些人的捧场，在九天的展出时间里，观展人数是不可能达到三万人的。

除此之外，有趁着休息日出游顺道拐进来的年轻人，有家住附近的年长者，以及拖家带口的一家子。还有带着自己正在念高中的孩子来观展的母亲，她说："我们家孩子说以后也想当画家，所以带他过来看看。"

形形色色的人，通过我所绘就的神兽，得以和自己的灵魂，或者和自己所珍视的某个人的灵魂建立了某种联系。

2014年，我在向出云大社进奉的《新·风土记》作品中所刻画的眼睛部分，埋进了一颗切割成星星形状的钻石，作为力量之石。这是为了融入出云这块土地中的力量，建立起作品与宇宙之间的联系。

那幅画作在出云这片土地上承担着它的使命，和形形色色的人建立了联系，对此我深怀感谢。

不仅在日本，还有包括英国、法国、纽约、香港、台湾、新加坡在内的国家和地区。

我踏上形形色色的土地，在那些地方发表架起连接桥梁的艺术作品。

我把生活在这些土地上的人们自古传承下来的祈愿之色，收进了

1　原文如此。——本书脚注均为译者注

我的画作。那些前来观看的人们，他们的灵魂在面对作品之时产生了共鸣。在这一过程中，我又从那些温暖的颜色中汲取能量，用以创作出下一幅作品。我发现，正是这些循环往复的创作经历，最终造就了今天的我。

2016年，在位于纽约的日本会馆，我在观众面前进行了一场现场创作，向大家展示从第一笔一直到作品完成的全过程。那幅绘画作为和平的象征，被收藏在世界贸易中心四号楼。我想，这也是因为在艺术中潜藏着一股能够让受伤的人们心灵相通的力量，它就像一剂良药一样悄然发挥着疗效。

作品面前，语言是多余的。

人们只要用心观看。用心感受。用心思考。

只有灵魂，代表另一个全新的自己去面对作品。即便文化不同、语言各异，大家都是一样的。不管是年轻人、老年人，男人、女人，大家都是一样的。那一刻我们只以灵魂相对，这一点，我们大家都是一样的。

以绘画为契机，为大家创造灵魂共鸣的场所。我想，这也是自己所承担的使命吧。

被大英博物馆收藏的"摇尾巴的狛犬"

2015年10月14日，我的立体作品《天地的守护兽》被伦敦大英博物馆永久收藏，这也是我亲历的一次展现艺术"连接之力"的事情。

其中的机缘，起源于与有田烧的际遇。于我而言，那是一次全新的挑战：具有悠久历史传统的有田烧窑场"有田制窑"，将我专为立体作品而作的狛犬设计图制作成瓷器，然后我在瓷器上彩绘，最后将其烧制成作品。

于我而言，狛犬一直是一个非常特别而珍贵的存在，是在我的内心占据着特殊位置的守护兽。

那次在有田烧最终完成的作品，是由"天"和"地"一对狛犬组成的《天地的守护兽》。

《天地的守护兽》有幸在英国皇家园艺学会主办的"切尔西花展"上展出，而英国皇家园艺学会的总裁正是由伊丽莎白女王亲自担纲。那次，我和庭园设计师石原和幸先生进行跨界合作，在他设计的庭园作品

《江户的庭园（EDO NO NIWA）》中，《天地的守护兽》作为庭园的守护神展示其中。

《江户的庭园》最终获得了金奖的殊荣。

"《天地的守护兽》这件作品可以说非常特别。小松女士这样的年轻艺术家，能够与有田烧这样一种传统文化形式进行跨界融合，是一件非常美妙的事情。有了这份作品的加持，这次体现古典庭园之美的日本作品，又恰好在同样具有悠久园艺历史文化传统的英国获奖，不能不说这一切简直就是一段美妙的缘分。为了更好地向海外推介我们的日本文化，我们应该让英国一流的策展人看到这样的作品。"

在因为获奖而举办的餐会上，日本驻英国大使馆的人热情洋溢地如此对我说道。他是一位负责文化推广的政府官员，在艺术上也具有颇深的造诣。那一年，又恰逢纪念有田烧诞生四百周年。

"我刚好认识大英博物馆的策展人，不如我将你的作品集介绍给她看看吧，怎么样？"

对方出人意料地抛出了这个提议，我当然毫不犹豫地答应了。

"万望拜托！因为这两只狛犬，一踏上英国的土地，就已经开始说英语啦。"

虽然我回答得热情洋溢，但因为是在酒席上的交谈，所以事情能不能坐实其实我也没底。我当时只是觉得，对方那么忙还特意说要帮我介绍，那我耐心等待就好了。

而且，自己也不过是个三十出头名不见经传的无名小小艺术家，这点自知之明我还是有的。现在的我还不够好。未来还有更长的路要我去走。

虽然我只对日本和纽约的情况比较了解，但是想必英国也是一样的吧：经过那些博物馆策展人慧眼鉴定的艺术家的作品集又何止成百上千。说白点，对方如果能答应看，那的确是一次机会，但是如果仅仅停留在这个层面，也说不上是真正的机会。因为，即使对方真的能够看我的作品，作品入她法眼的可能性也是微乎其微的。同时，我的内心却又强烈地期盼：就算希望渺茫，我也不想错失这次难得的机会。

不过，后来我的作品集真的交到了策展人的手上，策展人不但看了我的《天地的守护兽》，而且表示希望将他们纳入大英博物馆。

非常意外。我简直不敢相信。后来，等到我和那位策展人见面的时候，我还是满心忐忑。那可是英国啊，对方可是大英博物馆的策展人啊。她一定是一位师出名门、博闻强识、通晓多国语言的精英。

见面的那天，我一边在心里告诉自己"可不要让对方看出自己的才疏学浅哦"，一边鼓起勇气走进大英博物馆。只见，一位优雅的女士，满面笑容地站在树荫下。

"小松小姐！"

和我打招呼的女士，就是大英博物馆亚洲部首席策展人妮可·考里奇·罗斯曼尼尔（Nicole Coolidge Rousmaniere），操着一口流利的日语。果然如我事前所想，妮可女士是一位典型的业内精英，哈佛大学博士毕业后，创立了塞恩斯伯里日本艺术研究所（Sainsbury

Institute）。事后我才进一步了解到她的了不起，她比我们日本人更了解日本，她用日语写的文章堪称完美。

而且，妮可女士毫无架子，对人非常和蔼可亲。

"你知道吗，第一眼看到狛犬的时候，我可是忍不住对他们打招呼说了声'Hello'呢。没想到，可爱的他们也对我回了声'Hello'，然后啪嗒啪嗒啪嗒地摇起了尾巴！真是好孩子。真是太可爱了。当时我立马就决定了，他们理应入驻大英博物馆。"

妮可女士总是习惯首先和作品打声招呼。然后，通过"是否收到回应"来判断作品的好坏优劣。当然这并非收藏这个作品的理由，然而从中却可以看出她一定是位同时用感性和知性思考的人。

"因为，我想要收藏的是那种拥有灵魂的作品。"

尽管如此，一开始我还是心怀忐忑难以置信，直到后来收到正式的邮件，《天地的守护兽》成为大英博物馆藏品一事才最终尘埃落定。

在整个过程中，有许多不可思议的奇迹。这其中有我和石原和幸之间的奇妙缘分，是他在我和有田烧的窑户之间穿针引线，是他在我和英国之间牵线搭桥；有为我牵线妮可女士而积极奔走的各位对我的深情厚谊；有团队的力量；还有狛犬和传入英国后成为这个国家守护兽的格里芬[1]实际上具有相同起源的神奇联系。

然而，实际上还远不止这些。

1　格里芬，即狮鹫（Griffin），是希腊神话中出现的一种虚拟生物，鹰头狮身，长着翅膀，代表着王中之王。

还有，那摇头摆尾的狛犬。将大英博物馆和《天地的守护兽》连接在一起的，是艺术本身所蕴含的伟大力量。

我想，正如妮可女士所描述的那样，那对狛犬是一边摇着尾巴，一边兴高采烈地自己走进大英博物馆的。

通过艺术引发的灵魂共鸣

每当我走进博物馆或者美术馆时，总能感受到灵魂的气息。

我总是想：这里面一定住着精魂吧。

虽然同样是古代的石像，有的石像蕴含精魂，令人看了不禁想要合掌参拜，有的却只不过是一尊石头像，里面空无一物。

对于我来说，艺术就像是一方精魂的家园，为作品中的神兽或者守护兽们提供一片栖身的天地。

我觉得，《天地的守护兽》之所以会向妮可女士摇尾致意，是因为在我完成作品之后，从天而降的狍犬精魂觉得"这是一处很不错的栖身之地，不如住住看"，所以住进了我的作品之中。就这样，《天地的守护兽》成了狍犬们的精魂家园，所以才能对妮可女士的致意报以灵动的应答。

每当我创作出一件融入了自己灵魂的作品时，就会有精魂从那看不见的世界远道而来，住进我的作品中。也只有这样，艺术作品才开始真正散发出迷人的光辉，才具备了与人连接的力量。

如果创作出来的是一件绝佳的优秀作品，那么它不止拥有一个精魂，而是可以同时接纳多个精魂。换句话说，就是可以称之为精魂共享家园。

我曾经在阅读真言宗开山鼻祖空海大师的著作时，就有类似的感受。我觉得在那本书里，住着许许多多的守护兽、神兽、精魂以及妖精。那里就像一个容纳了众多精魂的温馨大家园。

我觉得，伊藤若冲先生的作品也是一座精魂的共享家园。他能创作出那么优秀的作品，或许是因为他就是动物耳语者般的角色。

在我们普通大众看来，若冲先生的作品只不过是绘画出动物而已，然而我却觉得，若冲先生通过动物的外形看到了灵魂、神佛等等。因为如此，我们就能够理解为什么在那个还没有水下摄像机的年代，他能够把在海中畅游的章鱼描绘得如此活灵活现。

有一次在某场个展上，一位通灵体质的人士突然对我说："我总觉得，小松小姐前世应该就是那位伊藤若冲呢。"我从来没有考虑过关于自己前世是谁的问题，如果非要让我说，我可能会觉得"嗯，搞不好是一只虫子吧"。所以，对于这样的我而言，"前世是若冲"这样的命题是真是假都无所谓。只不过，能够从别人口中听到自己居然能够和通过动物来展现精魂的天才之间有所连接，那份心底的欢喜还是实实在在的。

虽然和空海大师、若冲先生他们比起来，我还远远不及，但是作为一名艺术家，我所肩负的使命或许就是创作出优秀的艺术作品，为精魂们提供一份乐宿之所、一处皈依之地吧。

从很小的时候起，我就一直能感受到神兽的存在。

虽然我并没有什么特定的宗教信仰，但是我一直坚信我们身边存在着神圣的事物以及另一个看不见的世界。长大成人以后，为了弄明白这些，我前往泰国游历，我尝试学习犹太教的思考方式，我向佛教的住持大师以及神道的宫司虚心求教。

"所谓的灵魂，究竟是什么？"

就在我越来越受这个疑问困扰的二十岁后半期，泰国的某位圣者对我说了这样一段话：

"灵魂，是在不断成长的。关键在于，我们不是要磨炼自身的肉体，而是要磨炼我们的灵魂。"

听到灵魂在成长的话后，我豁然开朗。

正因为坚信灵魂的存在，我才拼命地想要努力创作出蕴含灵魂的画作。为此我学习色彩搭配，研究绘画材料，为了澄明身心而进行冥想。只不过，这一切都只是为了锻炼我的肉体、提升我的技艺，我却从来没有意识到灵魂自身的成长问题。

当然了，生活在现实世界中的我，肉体的重要性毋庸讳言。没有健康的体魄，绘画就无从谈起。为了画作，我需要用到手、脚、眼睛等等。我要使用肺进行呼吸，要通过心脏跳动维持生命。我是通过我的身体和我的内心、我的生命，在从事绘画创作的。然而，从某种意义上而言，真正驱动我去绘画的，却是我的灵魂。尽管如此，曾经的我却在创作中，不经意间忽视了灵魂的存在。

我知道那样很不应该。因为在那种状态下，即使绘画技艺得到了切实的提升，却也绝不是我肩上所应当承担的"使命"。

与其提升绘画技术，我必须提升的是祈祷的水平。

灵魂，是会成长的。不，我应该让自己的灵魂不断成长。

意识到这一点后，我的绘画开始出现了巨大的转变。那是在我二十七八岁时候的事情。

我的内心中，一直觉得有一处神圣的世界。像狛犬这些守护兽，或者龙这些神兽，都是在那个看不见的世界和我们这个世界之间搭建连接桥梁的存在，他们都是神的使者。

或许，在遥远的古代，那个神圣的世界离我们更近，诸多神使也与我们更亲近。所以，在世界各地才会留下众多狛犬、斯芬克斯、格里芬这些神使的石刻雕像，跨越千年风雨依然屹立。

因为他们都是神的使者，所以他们的作用不仅仅是单纯地为我们带来那个神圣世界的讯息，他们还负责将我们这个世界中用肉眼无法观察的祈愿，呈送到天界。

正因如此，我才要坚持用手中的画笔描绘出这些神兽以及守护兽。我竭尽所能，只为创作出能够让精魂们安居乐宿的作品。

若是有幸精魂们能住进我的绘画作品中，就相当于开启了一扇通往那个看不见的世界的大门。

每当人们看到我的绘画作品，发出"啊，这幅画，太棒啦"的感叹，也并非源于我的画作的力量，而是住在画作中的神兽们，和我融入的自身灵魂，还有观赏作品的人的灵魂之间产生共鸣的结果。

　　居住在画作中的神兽，注视着的是那个神圣的世界。

　　前来观看画作的人的灵魂，通过我的画作和神兽之间建立连接，神兽们由此得以寻问人们："你有一颗美好善良的灵魂吗？"从这个意义上而言，我的作品仅是一个入口，为大家打开了一扇更加宽阔的大门，是将大家的灵魂和那片住着神兽的、看不见的世界相互连接的一种媒介。这就是我肩负的使命。

　　产生灵魂共鸣的人，有时候并不知道画作究竟好在哪里，他们只是盯着眼前的作品。我想，在空海大师或者若冲先生的作品前被触动灵魂的人，同样是与居住在作品中的众多神圣的存在产生了共鸣。

　　而我心心念念企盼的就是，希望自己到死之前，能不断地创作出像前辈们留下的绝世佳作那样充满灵性的作品。于我而言，那也将是自身灵魂的一种成长。

　　灵魂是会成长的。每当我心驰神往于那些与神圣的存在，与那看不见的世界之间的万般连接之时，我就越发能够感觉到这种灵魂的成长，所以，我才拿起手中的画笔投入创作。

　　我非常希望，那些对艺术并不特别关注的人，或者平时不经常走进美术馆的人，也能看到我的作品。

　　那是因为，我相信，每个人都有灵魂。

通往世界的大和力

这几年，我的作品被大英博物馆收藏，在香港佳士得拍卖会上被拍走，在接受采访时被记者这样评价："小松小姐虽然创作的是日本式的作品，但是你所开展的活动和得到的评价却是国际性的。"

幸运的是，我的作品的确开始逐步走向海外了。

就拿最近的一次来说，2017年10月在台北国际艺术博览会（ART TAIPEI）上展出作品的时候，《时尚台湾》（*VOGUE Taiwan*）的脸书账号上传的我的活动花絮录像，点击播放量超过了74万次。

同年12月，在台北4月份新开的"白石画廊·台北"（Whitestone Gallery Taipei）举办的个展，一个月的观展总人数达三万人以上。个展首日，从画廊展厅入口处一直到外面的十字路口，上千的观众排成了将近200米长的队伍。听说在白石画廊长达50年的办展史上，这还是第一次就画廊内部举办的活动向警察进行报备。

在国外，很多人都不懂日语，所以需要找到不仅能够深刻理解我融入绘画中的理念，更能充分理解双方文化的翻译（包括口译和笔译）。

在国外，花钱请翻译固然重要，然而更重要的是，那些翻译中是否饱含着爱。这一点，可以在语言、文章，甚至宣传里得到如实的反映。

我们团队里的星原恩小姐同时精通中华和日本文化，并且真心爱着我的作品，不仅是翻译，她还承担了宣传的任务，在工作过程中总是能够和我的观点立场相契合。一切始于相遇，相遇成就一切。也正因如此，我的首次台湾个展才能够得以顺利推进。

在台北的观展人员中，既有眼光独到的收藏专家，也有为数众多的小学生以及年轻人。这里应该是一片艺术氛围相当浓厚的土地吧。由于非常受欢迎，当地的地面波电视[1]节目专门对此进行了采访，四大报刊之一的《中国时报》也安排了大版面专栏介绍。

并且，出手购买作品的藏家也来自世界各地。

他们中有日本知名企业的创立者，有亚洲地区超人气的创作型歌手和银行行长，有新加坡的地产大王，有世界知名品牌企业的副总，有马来西亚的王族……在银座举办的个展上，一位第一次登上日本国土的美国当代艺术藏家突然来访，当场决定收藏两幅作品。当天他从怀里取出的是一张钛金信用卡，我在旁边一边天真地想"这种卡，就算遭到枪击也能把子弹弹回去吧？"，一边又不由得在心里感叹这世界上还是有许多意想不到的拥有惊人资产的人呢。

1　无线电视，相对于卫星电视而言。

在展开上述各种活动的过程中，有时候我提到"想要将大和力推向世界"，却会被大家理解为"想要向世界传播日本风格"。

的确，一直以来我都在和有田烧、博多织等日本传统文化技艺进行跨界合作，创造作品。而且，大家第一眼看见狛犬或者龙的形象，都容易产生一种"大和印象"的感觉。对生于日本、长于日本的我来说，日本风格确实是一种重要的创作手法。

然而，我的本意并不是要体现"酷日本"战略，或者向大家展现日本之风。

所谓的大和力，也不是指"日本风格"。它是融合了日本自古流传下来的各种要素，并将其进行总结归纳后进行再设计的一种力量，或者一种方法。

只有这种能够从世界上繁复多样的文化中博采众长的综合能力，才称得上是日本所特有的"和"之力，相应的"大和力"也就是指巨大的"和"之力。这里的"和"是第一人称，所以"大和"这一称呼就有了集流成海、积土成山的意思在里面。

"和"，就像一个圆一样，它具有包容、融合所有不同东西的力量。在融合不同的文化、不同的宗教、不同的思考方式以及不同的历史积淀的过程中，"和"自然而然地应运而生。

也就是说，所谓的大和力，不是只有日本一家的东西。它是越过重洋碧海涵盖全球的巨大的"和"，是真正的大和。

因为它是一种将人类的思想、文化、宗教、艺术融为一体的力量，所以每一个国家都有他们的大和力。只不过，在这一方面，日本自古以来就是最擅长的国家之一。如此看来，大和力是一种世界共通的力量，是在地球的历史大潮中传承下来的一份厚重的遗产。

当我请教有田烧第十五代传人酒井田柿右卫门"为了将日本文化推向世界，您下了什么样的功夫"时，他的回答非常有意思。

"我并没有刻意要把日本文化推向世界。因为我们本来就不是只做日本的产品，我们也做西洋餐具，并面向国外市场生产我们的产品。"

十七世纪，荷兰东印度公司向欧洲输入大量的中国瓷器，其中的景德镇瓷器大受欢迎。但遗憾的是，在明清之交的纷乱战火中，景德镇瓷器的生产一度停滞。似乎正是从那时候开始，人们将目光转向了日本："既然如此，不如从同样拥有陶瓷文化的日本进口吧。"

就这样，最初作为"景德镇替代品"而被市场接受的柿右卫门以及伊万里烧，凭借自身独特的美而最终征服了世界。

也就是说，文化这个东西，最初都是作为当下消费最前沿的必需品，为了向大众提供生活所需而发祥开来的。后来历经成百上千年，才最终淬炼成了人们口中的"传统文化"。

"虽然坚守自古流传下来的传统和做法也异常重要，然而，敢于在古老的传统中注入崭新的内涵，这才是我们柿右卫门一派得以在历经悠久的岁月洗礼后，仍然生机勃发的诀窍所在。今后，我们仍然会沿着这条路走下去，始终战战兢兢、如履薄冰。"

听了柿右卫门先生一席话，我仿如醍醐灌顶，深以为然。

中国、韩国以及日本等国的瓷器文化传入欧洲之后，在当地孕育出了德国的麦森（Meissen）瓷器以及丹麦的皇家哥本哈根（Royal Copenhagen）瓷器。另一方面，在西欧文化的反向影响之下，日本瓷器的设计也在不断发生着变化。无论哪个国家的产品，都比过去更加精美绝伦、时尚高雅。这就是大和力的力量所在。

我也总是满怀敬意，希望将我自己画出来的作品和那些相应的国家紧密相连，并与他们的传统渊源同频共振。也正因如此，每当我去国外，在对那个国家的大和力肃然起敬的同时，也期盼着自己的大和力能够发挥应有的作用。对一国的文化应当充满敬意，并在作品中予以充分展现与传达，我想也只有这样，才能通过艺术来实现和全世界的沟通与交流。

比如我在香港和台湾开展的时候，展出的作品就把当地的狮子和我的狛犬进行了有效的关联。在大中华圈的文化中，本来就流传下来了大量关于狮子或者龙的绘画作品。在他们之间，有着极为深厚的"狮子文化"渊源。或许到了日本，狮子逐渐演化为了狛犬，形成了"犬文化"，但是出现在我作品中的狛犬，融合了各国狮子和日本狛犬等混合元素。在大和力的作用下，狛犬已经发展成了一种"嵌合体"式的存在。嵌合体，是一种生物学上的说法。就像驴和马交配后生下骡子一样，不同种类的细胞混合后诞生的事物就是嵌合体。

嵌合体源自古希腊神话中的喀迈拉（Chimaira），拥有狮头、山羊身、蛇尾。虽然传说中都把喀迈拉描述成一只怪物，但是我却认为它是一种神兽。

让大和力走向全世界，融合所有的一切，通过"和"的方法实现嵌合体式的效果。

这也是我坚持绘画的一大理由。

2

艺术的起点

山犬先生和水杉之梦

在山犬先生守护下的时光

在我的心中，的确还保留着一些挥之不去的光景。

不管是在充满着香草芬芳的夏日，还是在风卷雪花的寒冬，他不知曾几次出现在我的眼前。

那时候，我称呼他为"山犬先生"或者"犬大人"。

长野县埴科郡坂城町。我在那里出生，也在那里长大。

年幼的时候，我和哥哥、妹妹三人经常一起到千曲川附近的大山里游玩。孩子们被允许单独前往游玩的地方，就限于从我们家到千曲川的河滩这段范围之内。横亘在水面上的大桥比较危险，所以只有大人陪同时我们才被允许上桥去。也就是说，在上初中之前，我根本没有机会一个人到河的对岸去。

我们玩耍的地方，就局限于孩子脚力能及的狭小区域。虽然对大人而言，那点路程算不上什么，但是对我们这些玩得不亦乐乎的孩子来说，时常玩着玩着就找不着回家的路了。

夕阳西下，夜幕降临，此时平日早已司空见惯的群山却显得越发暮霭重重、悠远深邃。夏日里道旁杂草丛生，令人难识归路。平日里非常熟悉的地方也变得似是而非，不由得令人惴惴不安。内心不安，再加上乱跑一气，结果我们就迷路了。

那个时候出现在我眼前的就是他，那位山犬先生。他浑身毛色呈深茶色，体型大致相当于中型犬大小。我当时就觉得，那应该就是我曾经在母亲给我买的动物图鉴中认识过的狼吧。

虽然是狼，然而他却丝毫没有狰狞凶恶之态。

他就这样始终和我保持一定的距离，在我前方稍远的地方安静地带路。每次就算我再怎么迷路，只要跟随着他的脚步，自然就能重新找到平日惯常走的路，顺利回家。当我那孩子的腿脚跟不上时，他会一次又一次地驻足回望。每当我们之间的距离拉得太大时，他就会一直待在原地等我，直到我再次追上。尽管如此，我却无法接近到可以触摸到他的距离。

久而久之，我和妹妹便管这只每当在我们想要回家，却发现已经迷路的时候就会及时出现的狼叫作"山犬先生"。

第一次看见他大概还是在我上幼儿园的时候。上小学以后，和妹妹两人在回家路上东游西逛、磨磨蹭蹭不回家时，山犬先生也会出现。有时候我在放学一个人回家的路上，还曾遇到过白色以及黑色的山犬先生。

"好多模样啊，他们的数量还真不少呢。"那时候的我理所当然地这么认为。后来有一次却听人说："日本狼，其实早就灭绝啦。"

"难道我遇见的不是狼吗？那会是什么？"

我记得，在我上中学的时候，心中逐渐开始产生了这些疑问。

中学的校舍坐落于千曲川的河对岸。当我一个人渡过千曲川去上学时，总有一种自己已经长大成人的感觉。不过就算在那时候，山犬先生也会时不时出现。

长野地区海拔比较高，因此冬季寒风凛冽。由于室外空气异常寒冷，即便地下并没有温泉，有时候千曲川的河面上还是会弥漫着蒸腾的水汽。在那里，山间深谷之中往往积着厚厚的大雪，然而一般情况下坂城町却积雪不多。在我上初中三年级那一年的冬天，居然非常罕见地下了一场暴雪，路上积雪深深，寸步难行。

虽然没有太阳，银装素裹的世界却在雪光的映照下异常明亮。那天，我独自走在杳无人迹的路上，赫然发现，那只深茶色的山犬先生就站在一片白茫茫的天地之间。

"是山犬先生。啊，好久不见啦。"

我欢呼雀跃着，就像小时候一样跟在他后面继续前行。山犬先生和往常一样，始终和我保持着一定的距离，在我前方稍远处引路。

走着走着，我突然看了看地上。这时候我发现一个奇怪的现象，雪地上居然没有留下山犬先生的任何足迹。

虽然山犬先生似乎不是日本狼，但是他却真实存在，那时候我就觉得他是一只非常神奇的、类似野生犬类的动物。而且，就我自己的想法而言，我一直相信自己和山犬先生已经是非常要好的朋友了。

　　尽管如此，当我发现雪地上没有留下他的任何足迹时，还是忍不住发出"啊"的一声惊呼。

　　这时，他突然回过头来。然后，就像在追咬着自己的尾巴一样，原地转了几圈，最后消失在暴风雪中。

　　我慌忙跑上前去，却发现刚才他站立的地方，也没有留下任何足迹。

　　那之后，一直比较晚熟的我，第一次迎来了自己的生理期。

　　那之后，山犬先生再也没有出现过。我那位小我三岁的妹妹，小时候应该和我一起目睹过山犬先生的，然而现在问她，却说完全没有印象。

　　在我的作品中出现了很多狛犬的形象，其实都是出于那位山犬先生的缘故。

　　他的出现，或许就是来帮助年幼时误入迷途的我，朝着艺术的世界登堂入室吧。

广告传单背面的动物们

在和山犬先生相遇之前，自打有记忆时起，我就已经在画画了。

在我的记忆中，自己应该是在两岁左右时就开始画画了。我至今还清楚地记得，当我的妹妹还在母亲肚子里，我就说过"等宝宝出生了，我要送一幅画给她"。

千曲川四面环山，坂城町也是一座傍山之城。上小学的时候，还曾经出现因为"有熊出没"而休息半天的状况。我在山上打造了一处自己的秘密基地，还用从山上采摘回来的野草来装饰我们的家。那些野草上沾满了虫卵，结果后来孵出了密密麻麻的虫子，着实令母亲抓狂不已。

一到夏天，我们就跑到千曲川里去玩水。如今看来或许是违法的，不过那时候有位大叔自己在河岸边圈了一块地，里面养着许多动物，活似一家动物园。我常常跑去那里玩，用在学校食堂吃剩的面包喂关在里面的鸡、牛、羊以及马等动物。

在空气清新的长野，有数量庞大的精密机械厂，我家也经营着一间小小的家庭作坊。十八岁之前，我都住在一个小型社区里，虽然按照小区规定没有养猫养狗，但是我却养了非常多其他小动物，包括情侣鹦鹉、兔子、仓鼠、蜜袋鼯、蚕……

我总是习惯在报纸中夹的广告传单空白的背面，用铅笔画下我身边的动物。母亲送了我一本精致的动物图鉴，我也是爱不释手，乐此不疲地一遍又一遍画里面的各种奇珍异兽。

"袋獾真是太可爱啦。澳大利亚居然有这么可爱的动物，好想去澳大利亚看看呀。"

或许是受酷爱绘画的母亲的影响，我们兄妹三人全都喜欢画画。

我们把母亲为我们收集的蓝色和红色的广告传单，切割成一小片一小片，然后把动物画在上面，做成集换式卡牌一样的玩具。这也曾经是我们非常喜欢玩的一个游戏。

我的父亲喜欢摄影，虽然只是一名业余爱好者，但是却常常向《风景写真》杂志投稿，还因此拿过一些奖。大概是在小学二年级或者三年级时的事情了吧，看到父亲拍回来的风景照实在是太美了，我央求父亲外出拍照时带上我。

"那可得凌晨四点就出发，爬上山顶，然后什么都不做，就待在那里静静地等待日出，很辛苦的，而且很冷哦。"

虽然爸爸这么说了，可架不住我锲而不舍地央求，最后出乎意料地给了我一台陈旧的单反相机。

他没有教我该怎么用单反相机。更过分的是，他还对我大吼"站着别动！"，就为了防止我在他按下快门的瞬间妨碍他。这种情况下，我只能紧张兮兮地在一旁小心伺候了。好在，山上的风景依旧动人心魄，那叫一个美！

"你只要按下快门就对了。自己试着用手动模式拍摄看看吧。"

父亲这么说，可能是在教我要跟随自己的感觉去拍吧，又或许只不过是想省下时间专注于自己的摄影。

关于照相机的使用，父亲也就教了我这么多，不过时至今日我依然喜欢摄影。我知道，现在的我之所以能拍出属于自己风格的照片，还是得感谢父亲的。

我曾经和山犬先生相遇，而且我感觉自己从小就时不时会看见一些神兽或者魂灵。不过，以前我笔下画出来的只有动物。虽然我的身边有很多寻常人看不见的东西，但是真正要把他们画出来，我还是会觉得很惶恐。

因此，虽然我试着将自己所能见到的东西告诉身边的人，但是只有妹妹一个人追着我说："还要听！还要听！"我的母亲是一个胆小的人，她害怕这样的话题，对这些东西唯恐避之而不及。

母亲说这很"恐怖"，我觉得不可思议。对我来说，那看不见的世界中的魂灵和妖怪，比人类更纯粹更了不起，他们是值得尊敬的。长野拥有为数众多的神社，每次去这些地方游玩，我总是有一种和那个看不见的世界以及那个世界的使者们心灵相通的感觉，这也成了我个人私藏的一份小窃喜。

我在上学的小学校园里说这些事，大家也和我母亲的反应一样，要不就觉得这"很恐怖"，要不就觉得我是在说"校园七大怪谈"或者"奇谈怪志"。

就这样，我渐渐地不在人前提起关于魂灵以及山犬先生的话题了。其实是我不知该如何说起。

除了动物之外，我也画过人。在小学的美术俱乐部课上，同学们互相为分组成员画像时，我的画作曾惹得同一组的同学大哭起来，说："我才不是长成这样的！"她希望看到的，是自己像人偶一样可爱的画像。

后来，老师对我说："你的画非常细致入微，而且画得很好。不过，是不是稍微有点过于写实了呢？"那时候，我就想："那今后我就只画动物吧。"

上初中以后，我又迷上了虾夷小鼯鼠，阿伊努方言中将其称为"アッカムイ"。据说"カムイ=神"，所以"アッカムイ"的意思就是"守护孩子的神明"。这种将动物当作神来崇拜的阿伊努精神文化，令我感动不已、憧憬不已，当时我画了好多次。我感觉到这就是我所追求的世界。

我买回像空白书一样的素描本，开始在上面画虾夷小鼯鼠的绘本。乍一看，里面画的都是大家很喜欢的可爱动物。但是对我而言，虾夷小鼯鼠是我好不容易才发现，并且能够拿出来和他人分享的像妖精一样的存在。

画家的梦·水杉之梦

提起小松家周围的去处，就是动物园、美术馆，以及神社、佛堂，全都是我母亲的心头所好。

在我们长野县，有一样东西可以和东京比肩齐名，就是有为数众多的美术馆以及画廊。这里还收藏了不少名家画作，美术环境可谓得天独厚。比如，我曾经在信浓的素描馆里看见村山槐多的作品《撒尿的裸僧》，虽然从尺寸上看该幅作品也不是太大，然而它却深深地烙进我的脑海里，成为我心目中的一幅了不起的大作。此外，还有另外一些作品也不知为何不动声色地征服了我，令我不由惊叹："真是不可思议啊，这幅画！"

我从小就泡美术馆，所以从那时候起我就已经意识到："啊，原来是有人专门从事绘画工作的呀。"我估计，这也是我敢对母亲放出那种大话的原因。

"我也希望有一天我的画可以被挂在那里！"

在乡下美术馆里常见的留言簿上，我总是喜欢写下类似"我也要成为一名画家"之类的留言，为此还被母亲取笑："真是不害臊，快别那样写了。"

实际上，母亲并不是那种不分青红皂白就否定孩子梦想的人。我猜她之所以那么做，纯粹是因为她明白要靠艺术这门手艺吃饭究竟会有多难。非常喜欢绘画的母亲，年轻时候曾亲历过立志考上美术大学，最后却折戟而返的挫折。

"一般的人，是成不了一名画家的。能够让自己的画作登堂入室展出示人的，只不过是冰山一角，那都是些人上之人啊。能成为一名画家就已经非常了不起了，能够让自己的作品进美术馆展出的，那就更是人中龙凤啦。"

我知道，母亲是担心她这个一会儿看见别人看不见的东西，一会儿又陷入幻想世界不可自拔的女儿，所以才苦口婆心地劝解我，但是我却全都当作了耳边风。我不服气，执拗地坚持："我不管，我就是能够成为一名画家。"实际上，我如此坚持是有我坚持的道理的。

小学的时候，我在学校庭园里的水杉树下睡午觉时，做了一个梦。

梦中的我已经长大成人，并且在从事绘画的工作。也不知是在哪个国家的美术馆一样的地方，我正在为准备展览会而与各色人物讨论。现场有一位块头巨大并且两眼放光的男士，正在大声地对我说些什么。我似乎正以画家的身份和这位男子一起参加某场活动……由于那梦境太过鲜明清晰，我醒来的时候便更加确信"我绝对可以成为一名画家"。从那时候开始，那场"水杉之梦"就成了我追梦路上的护身符。

把厕所当“城堡”的日子

"要怎么做才能够成为一名画家呢？"

大约从中学的时候开始，我逐步开始立足现实，思考自己的艺术探索之路。

后来我想，首先还是应该学习一些绘画的技巧才行吧。接着问题来了，该找谁拜师学艺呢？虽然自学成才也并非不可能，但或许还是应该考上美大或者艺大深造比较好吧……

虽然我不清楚有什么办法可以让自己成为一名画家。但是，因为内心实在"太渴望画画"了，所以就开始在家里用水彩铅笔画绘本，或者跑到学校的美术社去画画解瘾。

另一边，我从小学三年级就开始学的薙刀术，在上了初中以后仍然没有荒废，后来还小有成就，参加了日本武道馆举办的全国性大赛。

回想起来，自己那段日子的生活看起来还挺充实的。然而，实际情况并非如此。

那时候，我上的小学学校规模非常小，一个班的男生、女生大约才各十人。我以为我过得很快乐，或许我根本没有融入其中。

一直到长大成人后，我听说有位男同学对人讲："过去，我总是欺负小松，真是很对不起她。"

这么想来，我在上学期间，的确经常会发现自己的运动衫不翼而飞，有时候在寒冷的冬日清晨，被兜头泼一身冷水。同学们还给我取外号，叫我"猫女""妖怪"什么的。遇到下雨天，那些调皮捣蛋的男生就会嘲弄我，冲我大喊："喂，小妖怪，快施展你的妖术让雨停下！"

不过，我不但没觉得被欺负，反而觉得，能够被叫成自己一直很憧憬的妖怪，是一种荣幸呢。于我而言，那神秘的世界，那些充满灵性的动物，还有我心爱的绘画才是吸引我的，才是我切身亲近的东西，至于周围其他同学怎么样，反倒并不怎么在意了。

后来，小学毕业，上了中学，我更加不适应学校的生活。

中学一个班有三十多人，人数上就比小学多得多。倒不是有人欺负我，而是我自己无法融入大家的集体。

与其说话不投机，还不如说不知道要谈些什么。如此一来，我不但无法融入集体，反而跟大家越来越疏远起来。

最后，情况越发严重，精神上的困顿发展到了生理上的反应，一想到要去学校就腹痛难忍，于是躲进厕所来逃避上学。

小时候，我们一家人挤在一套拥挤的小区公寓里，我没有自己的房间，所以对我来说，厕所是唯一可以独处的地方。那时候，妹妹是个跟屁虫，看到我躲进厕所，她也有样学样吵着"姐姐去上厕所了，我也要去"。于是，两个人挤在狭窄的厕所里一起玩我们自己的游戏，现在想来，还挺令人怀念的。对于年少的我而言，那时候，厕所就是我的城堡！

　　中学的时候，厕所成了我逃避外界的孤城。每次一受到伤害，我就躲进厕所不出来。每次不想去学校，就把自己关在厕所里不出来。我总是躲着等到第二节课开始之后，母亲在厕所门口对我说"行了行了，不去学校就不去了，快出来吧"，我才会从厕所出来。

　　或许，我只是想通过这种方式，让自己和外面那个难以相处的世界保持适当的距离吧。对我来说，不去学校就让我耗尽精力了。那段日子，父亲和母亲并没有逼迫我，而是让我在家休息，至今想来，我依然庆幸并感恩自己拥有如此开明的双亲。

　　既然和别人不一样，那就不一样好了。

　　既然和大家合不来，那就合不来好了。

　　到后来，我习惯不上学，甚至连考试的日子也请假在家，现在想来，那时候的父母亲对我的这种状态一定操碎了心吧。为了补课，他们给我报了私塾，开启了我别样的求学生涯。私塾的老师虽然很严格，但是也很会鼓励人，是一位难得的好老师。他还亲切地告诉我，有一所高中是适合我这种不想上学的人的。在私塾老师的教导下，我好歹能够跟上学校课业的节奏了，去学校上课的日子也逐渐多了起来。初三那年，我还参加竞选学生会干部，主动为自己立下"任务"，努力让自己适应学校的生活。

就是这样，我一步一步地向前迈进。

成为一名画家后，我把当时的事情写下来，发表在了杂志上。

"咦？她那时候有经常请假吗？估计因为当时她也不怎么活跃，总是默默地独来独往，我居然没注意到还有这事呢。"我从别人那里听到当时的同学这样说。也难怪，我自己当时也不知道，其他人有没有请假，大家都参加了哪些社团活动。

或许这就是所谓的，你身上的惊天大事，在别人看来也不过尔耳。

所以啊，觉得自己有多么特别的想法，是多么可笑。

所以啊，到头来其实只有你自己，才能守护你自己内心的感受。

就算，你用以守护自己的城堡，只不过是一间几尺见方的小小厕所！

一旦认定，便勇往直前

有一天，我下定决心要成为一名画家。我一直相信，自己的水杉之梦有朝一日终将会变为现实。

所以，在这件事情上，我可以说是义无反顾的。不过，正儿八经的准备却是在高三那年才开始的。

那时候，我在学校美术课上画的作品得到一位老师的赞赏。他是从其他学校退休后，到我们学校兼职任课的老师。他看到我的作品后，觉得很有意思。

"其实，我一直很想报考美大。"老师听我这么一说，顿时坐不住了。

"你怎么不早说！现在都已经高三啦！"

从那以后，我每天总是利用午休时间，到那位老师那里，请他帮我指导素描作业。我们一边吃着便当，一边看我的作业。"这里的光线，应该再加强一些，效果会更好。"俨然一位慈祥的老爷爷对小孙女的关爱与呵护。

老师还会给我布置作业："下次，试试画这样的作品。"所以，学校一放学，我就迫不及待地往家里赶，回家便一头扎进了作业里。不久之后，我还报名了长野美术研究所的补习班，那是专门针对美大升学而开设的补习学校。因为准备太迟，落下的功课太多，所以不得不奋力追赶。

在学校里，拼命地画素描！在家里，拼命地画素描！在补习学校，还是拼命地画素描！我不厌其烦地画啊，画啊……除了学校和补习学校的老师外，有时候母亲也会帮我看看素描画得怎么样。"石膏素描的话，还是你妈妈我更擅长。"她不无得意地炫耀说。

除了石膏素描外，还有命题素描，主题是一段文字表述。

比如"现在是中午十二点。走到门外，有一段台阶。台阶下有鸡蛋。请据此画出素描作品"之类的。

老师要求据此作画，但是整个补习学校，只有我一个人画了正在孵蛋的母鸡。

"小松同学！鸡蛋必须画在醒目的地方才行啊！这是在考察素描功力，目的是看你在作品中如何展现鸡蛋，如何处理阴影。当然，我们不是要否定想象力，但是你这样画肯定是不行的。"

虽然老师不给分让我觉得"世事艰辛"，但我还是乐此不疲不停地画着。

由于长野县境内没什么可供选择的学校，我提前做了很多功课，从东京的名校美大到京都的各所美大，全被我扫了一遍。功夫不负有心人，机会终于来临了，有一天老师对我说："若是女子美术大学短期大学部，虽然需要考试，倒是可以推荐你去。"

"东京艺术大学的前身是东京美术学校，那可是一八八七年就已经建校的一所百年老校。他们一开始只招收男学生，建校十三年后又新设了私立女子美术学校，也就是现在女子美术大学的前身。这所学校在私立的美术大学中历史最为悠久，比起其他美术大学来自然拥有更深厚的传统底蕴。小松你生性喜欢自由，如果还要考虑为家里的父母减轻一些学费负担的话，我觉得咱们先上短期大学也未尝不可，对吧？再说了，女子美术大学里也有那种从短期大学起步四年一贯的学制安排。"

我听到美术老师这么说后，对这家女子美术大学非常满意，便开始着手准备争取女子美术大学的推荐名额。

我想，大部分家长在听到自己的孩子准备报考美大时，第一反应肯定是问："毕业出来后能干什么？"我的父母却不同，他们虽然也会与我的哥哥和妹妹讨论一下兄妹俩未来的人生道路，但是对我选择上美大的事情，却并没有提出什么反对意见，可能因为在他们的心目中，我本来就是个"和现实世界有些错位"的另类吧。

我知道我"绝对会考上"，上美大这事已经万事俱备了。唯一令我担忧的，就是钱的问题。

我的父亲和母亲都是没上大学就早早出来工作补贴家用了，但是我们三兄妹都想要上大学。然而，就靠着一间家庭小作坊的收入，要同时供给三个孩子的学费，对父母来说显然非常吃力。

而且到了东京以后，父母还得定期为我筹措一应的生活开销。再加上，私立的美大学费高得惊人，日常的画具耗材也是一笔不小的花费。

总算天无绝人之路。我哥哥考上了当地的国立大学，而我在短期大学也有宿舍可住。尽管如此，我还是尽我所能，不想给双亲增加更多的麻烦。为了多少能自己挣出一份补习学校的学杂费用，为了能够尽量凑足学费，我平生第一次开始勤工俭学。

那时候，要想在坂城町这种地方找到一份兼职，机会并不多，一般就只能到超市或者便利店这些地方去碰运气了。

高中放学后，我马上赶到补习学校继续上课，下课后又赶往便利店打工，下班后回到家继续学习，时间到了再去赶高中的课，如此周而复始。

虽然日子过得很辛苦，但是那时候的我正值十七岁的青春年华，最不缺的就是旺盛的精力。而且，我铆足了劲"一定要考上美大"，我在心里告诉自己："有了这些钱，我的学费就有着落了！""有了这些钱，我就能买上画布了！"这么一想，原本辛苦的兼职也变得甘之如饴了。虽然每天都在压缩睡眠时间，但奇怪的是，我竟丝毫也不觉得疲惫。尽管睡眠时间是如此短暂，但是我还做了一个具体清晰的梦，梦见自己如愿考进了女子美大。

后来，这个梦果然应验了。寄到学校的合格通知单对我来说只不过是用来确认而已，所以我也没有特意联络我的父母。当时我觉得，自己被录取是再顺理成章不过的事情了，因此也不用特别告诉他们。

我的美术老师听到消息后很高兴，当他恭喜我说"能被录取真是太好啦"时，我心里还偷偷嘀咕："有这么值得高兴吗？我本来就不可能落选嘛。"对自己脚下的路，我胸有成竹。

3

勇于超越"自己的心"

《四十九日》诞生之前的日日夜夜

自己的感受自己坚守

大家可能都听说过这么一句话：作为画家或者艺术家要有一颗善于感受的心，这一点非常重要。

真的是这样吗？

难道真的只有画家、诗人、演员以及音乐家才需要有一颗善于感受的心吗？

我真的不敢苟同。

我觉得，这世间所有灵魂都拥有感受的能力。

这世界上，本来就不存在真正麻木不仁的人。

一颗善于感受的心，无论对任何人而言，都非常重要。

拥有丰富的感受，对正在读这本书的你而言，同样弥足珍贵。

无论是对你所爱的人，还是你所恨的人，都应当用心去感受，这点同样至关重要。

无论是快递员，还是便利店的收银员，抑或是写字楼里面每天对着电脑的办公族，他们都有一颗感受之心，而且这颗感受之心对他们自己都同样重要。

不只我们人类如此。家里的猫、狗、兔、鱼、鸟、虫，天地间一切有生命的事物，一切有灵魂的物种，都拥有这种感受能力，概莫能外。

如果不会感受，我们什么都做不了。

尽管如此，会感受、懂得感受既是我们的至宝，有时候也会成为我们沉重的负担。

为什么这么说？因为如果一个人持续沉溺在负面消极的感受中，恐怕无论精神还是肉体都会不堪重负吧。

源源不断的尖刻批评与攻击，会让一个人的灵魂备受创伤，支离破碎。

有的人虽然在外人看来岁月静好、幸福满满，然而只有他们自己知道内心深处的那份惶恐与不安，他们无法确定"这一切真的都安好吗"。

这时候，也许很多人趋向于选择闭目塞听、沉默寡言，甚至想要把自己关在一个狭小的空间里，不想去感受任何色彩、气味、形状、声音和情感。

曾几何时，我自己就陷入了那样的境地。

我的座右铭是"自己的感受自己坚守"。

十八岁那年，当我第一次读到茨木则子的诗《自己的感受自己坚守》时，内心异常震撼。我誊写下整首诗歌，贴在位于东京和坂城町的画室里，至今仍是我的金玉良言。诗是这样写的：

自己的感受自己坚守

茨木则子

不要把日益干涸的心田
归咎于他人
那是因为自己疏于浇灌

不要把自己的阴晴不定
归咎于朋友
到底是谁先丧失了温柔

不要把苛责暴怒
归咎于至亲
其实笨拙的从来是自己

不要把初心的黯然消退
归咎于生活
是那志向本就先天薄弱

不要把所有的不尽人意

归咎于时代

是闪着微光的尊严已被放弃

自己的感受

得靠你自己坚守啊

我的小傻瓜

摘自《自己的感受自己坚守》（茨木则子著，花神社刊发）

记得小时候，我只醉心于绘画。我那颗与看不见的世界天生亲近的内心，自由茁壮地成长。

然而，进入青春期升入中学后，我没有办法融入周围的朋友之中。再后来进入女子美术大学短期大学部，又对自己的未来惶惑不安。面对自己那颗"不断枯萎的内心"，我束手无策，曾经将这一切都归咎于"其他人"。

就在这种迷茫彷徨的时刻，我遇见了这首诗，那种感觉不只是带来心灵上的强烈冲击，更像是醍醐灌顶一般，将我从沉沦中及时唤醒。

"自己的感受/得靠你自己坚守啊/我的小傻瓜。"

每当我拼命画画却无人理解时，每当我孤独焦躁几欲抓狂时，我都会拿出这首诗反复念给自己听。我逐渐明白，想要获得别人的理解，首先你自己要理解自己，要靠你自己的努力去浇灌自己的心田。多亏了遇见这首诗，让我没有沉湎在"对镜自怜"里纠缠不休，没有自恋于"细腻柔弱"中无法自拔。

从那以后，"自己的感受自己坚守"一直成为指引我跨越人生波浪的指路明灯。

就在毕业那年，自知光靠绘画养活不了自己，正准备打点包袱回到长野时，我反复朗诵着"不要把初心的黯然消退/归咎于生活"，来给自己加油打气。那时候，当我那颗"到东京成为一名画家"的雄心壮志逐渐消退之时，我依然告诉自己"一定要坚持住"。

当幸运之神迟迟不来敲门，身边无人理解自己时，是那行"不要把所有的不尽人意/归咎于时代"的诗句，在耳边振聋发聩。

虽然我只走过了三十三年的人生之路，但正是有了这首诗的陪伴，我才能安然度过一个又一个艰难的人生节点。

在这章里，我想通过自己的亲身经历，告诉你一个在十多岁的时候不懂坚守感受之心的、懵懂的我，告诉你一个在二十多岁的时候愚昧无知的我。我希望过去的那个我，能够唤醒你，重新仔细认真地思考自己的那颗感受之心。

你是否经常浇灌，你那颗感受之心？
你是否因为不被人理解，而归咎于时代以及他人？
你是否在守护、珍惜着自己那颗拥有感受之心的灵魂？
所有这些，愿你三思。

我也希望，能够通过回顾自己一路走来的过往，发现新的金玉良言。

　　在今后的人生道路上，这首诗将永远是我倍加珍惜的人生至宝，同时我也将鼓起勇气自立自强，并从中编织出属于自己的新格言。

与铜版画"线条"的美好邂逅

女子美术大学的学生宿舍，只有四张榻榻米大小，每间宿舍住两名学生。

由于宿舍实在太过狭小，所以我大部分时间都在位于学校地下室的版画教室中制作版画。因为宿舍就在学校附近，所以早上可以睡到最后一刻，晚上就算忙到很晚，也马上就能回宿舍。

在这里就学的学生，拥有许多共同话题和爱好，因此大家很快就混熟了。

同学们大都是文科出身，基本没什么像样的运动细胞，住宿舍的学生也大多经济比较紧张。对我来说，早餐和晚餐学校都有供应，唯一需要自行解决的一顿午餐，我一般都用早晚两餐省下来的牛奶做成布丁来对付。批发购买的大分量布丁原料，再加上牛奶做出来的布丁，不仅经济方便，也足够我填饱肚子。

虽然我用署名饭盒装好并存入宿舍唯一一个冰箱里的布丁有时会

不翼而飞，从而引发一场偷吃与没吃的口水仗；虽然前辈们说，电视遥控器只能掌握在他们的手中；虽然我们会因为一些鸡毛蒜皮的无聊话题而争得面红耳赤……但，对我来说，那真是一段快乐的时光。

总之，我，终于来到东京，画画了。

不过，有一件事，直到我进入女子美术大学后才猛然发现。那就是，虽然我早就下定决心要成为一名画家，但是从来没有真正考虑过自己要学什么风格。

自打有记忆开始，我就一直在不停地画画，然而真正正儿八经系统学习画画的时间，其实只有高三那一年，并且也只不过临时抱佛脚地进行了一些应试的素描学习，至于西画那一套，压根就没有接触过。

一般而言，美大的学生都是经过系统的西画训练的。大学里专攻西画的学生相对较多，设计方向的专业也一直人气颇高。此外，许多学生会选择传媒、CM[1]制作等将来比较容易就业的专业。

我宛如白纸一张，在刚入学期间，我从头开始逐个去尝试：雕塑、陶瓷、设计、传媒、日本画、西画……

也就是在那时候，我第一次接触了铜版画。我立刻就被铜版画那细腻致密的线条所吸引了。回想起来，过去我也非常喜欢单纯利用线条来构建作品的素描。我从小也是通过线条的重叠交错来勾勒笔下的动物的，甚至还曾经因为作品太过写实，而把作为绘画对象的孩子给气

1　CM是commercial message的缩写，在日本指电视广告。

哭了。

小时候，母亲为我买的欧洲绘本里，有用细腻的线条刻画的动物形象。那本书是我的心头所好，我以前经常拿来临摹，结果却发现，即使用钢笔也画不出书中的效果，不管用墨水还是墨。我一直疑惑不解："这线条到底是用什么东西画出来的？"直到我第一次尝试铜版画，当我"唰"地撕开蒙在作品上的压纸时，呈现在眼前的赫然就是小时候那本绘本的线条效果。

"就是它了！"

那一刻，我决定要学铜版画。

虽说是美术大学，但也不是只有绘画这一门课，我们还要学美术史等各类课程。因为我选择的是教职课程，所以除了专业课之外，还要上心理学以及体育等其他课程。因此，虽然我决定学铜版画，实际上仍然还要上基础课程的西画，另外还有人休素描等。

课程虽然多，我却一头扎进了铜版画里。虽然这在学校里可说是冷门专业，我却像是被魂灵附体一般，学得忘乎所以。

首先在半透明的纸上画稿。在铜版上事先涂好一种叫作"软蜡"的防腐蜡。在软蜡上描绘反转后的画稿，接着用刻针在软蜡上描绘，完成绘画。

把刻好的铜版浸入硝酸溶液等腐蚀液中，那些被事先剥去了"软蜡"的线条部分的铜版被腐蚀，刻下相应的凹痕，由此形成铜版画的线条。腐蚀时间长，则形成粗线条；腐蚀时间短，则形成细线条。一幅画要经过反复的尝试、调整，历经几周甚至数月的时间，方能最终完成。

虽然完成一幅铜版画所耗费的工程量巨大，但是每一道工序都令我乐此不疲。无论是细密的线条还是厚重的线条，看着它们在我的手中逐渐浮现在印纸上，那种喜悦简直难以言表。我喜欢看着混合在墨汁里的油膜，令印纸的质感发生神奇的变化。每当学到了一种新的技法，我都是心痒难耐，恨不得马上动手尝试。我就这样尽情地折腾，虽然这样一来要耗费多得多的时间，但奇怪的是，技法程序越烦琐，我对铜版画就越是爱得欲罢不能。

从一大早大学开门，一直到深夜，我都泡在版画研究室里。我是如此沉迷，以至于连教我铜版画的小川正明老师都不无担心地提醒我说："你也要悠着点啊。难道西画课都不用去上了吗？"不过，现在想来，小川老师对那个一门心思扑在铜版画上的我，估计是又心疼又无奈吧。他曾经说着"因为你这么努力"，然后为我买来豆沙包当消夜。

我想要在全新的天地里自由地飞翔！我想要源源不断地创作出一幅又一幅的作品！

铜版画的线条，就是我通向自由的桥梁！

死亡面前的"无差别世界"

"爷爷病危。快回来！"

进入女子美术大学后的第一个年头，有一天，长野的老家突然打来电话，告知我这个噩耗。那是我即将迎接十九岁的秋天。

从东京到长野交通便利，有新干线也有长途大巴，如若动身，朝夕可至。

但是我接到消息后，却继续在宿舍里埋头做我的铜版画，等我赶到医院时，爷爷已经在弥留之际。而我之所以拖到最后一刻，又是因为那时我做的一个梦。

"不着急。等到那一天再回来吧……"

我知道，爷爷在梦中告诉我的时间，恐怕就是他要走的日子。

爷爷一直是个沉默寡言的爷爷。他生前是一位书法老师，虽然看起来很严肃，但其实是一位谦逊和蔼的老爷子。爷爷去世后我才从他遗留下来的照片和信件中了解到，他也曾经在战火的裹挟下奔赴战场，还击落过一架敌机。虽然在战场上不是你死就是我活，但终究杀害的是一条条鲜活的生命。我想，原本就沉默寡言的爷爷，或许因此变得更不愿开口多说一句。

爷爷对我说的话不多，他总是身体力行地教我各种道理。就在他离世的那一刻，他令我明白的东西，比他过去教会我的总和还要多得多。

在医院里，当爷爷停止呼吸的那一刻，我分明看见从爷爷身体里飘然而出的灵魂。那是一团恍惚朦胧的能量体，泛着像橙色一般的温暖光芒。从灵魂抽离的瞬间开始，爷爷的身体，就只剩下了一具空空如也的躯壳。

我第一次亲身经历身边的人突然离世，是在小学的时候。那是隔壁班的一位年轻女教师，在某天突然就离开了。我非常喜欢那位老师，所以她去世的消息对我产生了巨大的冲击，但毕竟当时我并没有直接目睹死亡的那一瞬间。

教给我关于死亡的各种认知的，其实是我饲养的那些林林总总的动物。在一次暑假的自由研究作业中，我养了蚕。当时我心想："多可爱的家伙，以后居然要被拿去煮茧缫丝，未免也太可怜了吧。不行，我要让它们全部孵化出来！"于是我对它们用心打理、精心喂养，甚至到了"蛾控"的程度。但遗憾的是，它们最终还是接二连三地全部死了。

我把死掉的蛾子放在了蚂蚁窝的门口。一开始，蚂蚁们兴高采烈，直到蚂蚁好像在对我说"不要再给我们拿蛾子来啦"，我才停止放死掉的蛾子。

此外，还有蜜袋鼯鼠、小仓鼠、小兔子……这些寿命很短的小动物，一个一个让我看到了临终的瞬间。它们都是我的老师，教会了我形成自己的生死观。

其中，有一只叫作"拉比"的小兔子，教会我最多。

小拉比身患癌症，接受了无数次手术。我一心希望它活着，无论花多少钱我都不在乎。可是，它的病情不断复发，最后连兽医先生也看不下去了。

"对小动物来说，癌症一旦转移到这种程度，任何治疗都已经没有什么意义了。如果这手术再做下去，它非死不可。所以，还是带它回去好好照顾它吧。"

医生说那天晚上是关键，是生是死看天命，所以我彻夜不眠。可是后来我实在太困，不知不觉睡了过去。幸好，一大早惊醒一看，小拉比仍然还活着。

"哦，我的小拉比，你还活着，太好了……"

当我轻轻地抚摸着小拉比的时候，我放养在家里的其他小兔子，也都纷纷围了过来，仿佛也在轻声关切地问候："小拉比，你还好吗？"

过了良久，小拉比终于"哔"地低低呜咽了一声。

我曾经喂养的那些小兔子，每一只在临终之际，都会"哔"地呜咽一声。或许那是它们在向我告别，在对我最后说那一声"谢谢"。

我发现，每一只小兔子在发出那一声"哔"后，它们的身体便开始越变越轻。

小拉比也一样。但不同的是，在小拉比身体变轻的同时，我分明看见有一团洁白柔软的小光团，从它的身体里飘出来。我知道，那一定是小拉比的灵魂。

小拉比的灵魂轻飘飘地飞起来，越过其他小兔子还有我的家人，一直飞到了它的伴侣巧克莉身边。

我不知道巧克莉是否能够看见小拉比的灵魂，但是，就在灵魂从小拉比的身体里剥离的那一瞬间，本来一直蹲在边上抽动鼻子嗅个不停的巧克莉，突然转过身，跑回了自己的小窝里。仿佛它已经意识到，小拉比已经离我们而去，现在地板上躺着的只是它的一具空壳肉体。

和小拉比一样，爷爷离世的瞬间，他的灵魂也飞离了肉体。虽然他们的灵魂颜色有点不一样，但是我全都感受到了。

"动物也好，我们人类也罢，原来都只不过是灵魂栖息的肉体罢了。"

当明白了这点后，我的内心并没有失落和悲伤，反而得到了一种救赎，一种安宁。

从小，我就坚信，有一个看不见的世界，因此我对人类社会中存在的那些差别格外在意。

上小学的时候，有一次学校给我们发了一份不可思议的调查问卷，内容是："在现在的班级中，你有差别对待的人吗？"我在上面答道："对所有人，我都差别对待。"

老师把我叫到办公室批评我说："在学校可不能搞差别对待！不过，小松同学为什么要差别对待所有人？"

对此我反问道："我知道差别对待不对，但这个社会不是处处充满差别待遇吗？"

比如，虽然有男女之间的差别、年龄大小的差别、国家民族的差别，但即便性别、年龄、国籍都相同的人之间，也存在着差别待遇。

那个孩子比较聪明，那个孩子比较笨。

那个孩子比较可爱，那个孩子比较丑。

那个孩子比较有意思，那个孩子比较无趣。

更令我焦躁不安的是，人类和动物之间的差别更是天悬地隔。

喜欢的老师去世，当然令人悲痛。然而相较之下，蛾子或者仓鼠的死去所带给人们的悲伤，显然要轻得多，我觉得这样的想法是不对的。一样都是拥有灵魂的生命，凭什么要这么差别对待呢？

当我在小拉比和爷爷离世的瞬间，看到灵魂都同样飘离而去时，我第一次明白地感受到，原来还存在另一个世界，在那里万物皆同，没有差别。

"这就好了。到了那个世界后，就不会再有差别待遇了。虽然我不知道那个世界具体是什么样子，但那里一定有一方真正纯粹的世界。"

看来，在死亡的归宿地，真的有一方能让所有纯粹的灵魂平等相待的美好世界。从这个意义上出发，我更加明白了，死亡不是终点，而是像轮回一样，是另一个圆的起点。

《四十九日》启发的世界

　　和尚们开始念经超度，吊唁的亲朋来来往往。而我，则一身黑色孝服端坐在灵堂。

　　爷爷已经停止了呼吸，这点千真万确。现在躺在棺椁中的只是爷爷的灵魂曾经暂居过的肉身，而从真正意义上而言，爷爷其实并未死去。

　　当我正这么想的时候，我知道从肉体中剥离而出重获自由的爷爷的灵魂，来到了这个灵前守夜的地方，因为我看见了那一小团亮光。

　　我望向灵魂所停留的那个地方，一旁的父亲也看了过来。然后，他对我说："你爷爷回来啦。"

　　"原来美羽也看得见啊。看来人还是有灵魂的。不瞒你说，有时候我也能看见一些像火团一样的东西，看来那些真的是灵魂啊。"

　　父亲还是第一次跟我说这些。

　　"从今日起算，你爷爷要在黄泉路上走四十九天。也不知道，他老人家的灵魂要在路上吃多少苦呢？"

当走完四十九日的旅程，到达死后世界的目的地时，曾经参加过战争的爷爷，或许还免不了遭受地狱的审判吧。

地狱，又会是怎样的一幅场景呢？说不定在地狱里，会有真正意义上的阴和阳，会有美妙的黑暗和光明。小拉比的灵魂，要在黄泉路上跋涉多长时间，才能抵达那另外一方世界呢？无论如何，我总是在心底衷心祈愿，每一个灵魂最终都能适得其所。

在这四十九日期间，对继续活在这个看得见的世界中的我们而言，也显得无比宝贵。因为，死去的亡魂仍然在赶赴黄泉的路上，这段时间，是仍然能够和我们这个世界建立联系的一段时光。

就这样，画作的灵感奔涌而来。

——生前生活在坂城町的爷爷，他的灵魂离开火葬场，骑着骆驼缓慢地摇晃着踏上遥远的黄泉之路。引导他走向地狱之门的，是先行一步的小拉比的灵魂。为了避免被融合了森林和牛鬼形象的地狱门卒吞食，小拉比的每一步都走得小心翼翼。人的灵魂由兔子的灵魂来引导，是为了体现这样一种理念：在死后的世界里，人和动物的灵魂是完全平等的。

守夜、葬礼、火葬……随着爷爷的身后事按部就班地推进，灵感自然而然地喷涌而来，作品的构思在我的心中越来越清晰，我嘴角上扬忍不住想要微笑。一直到现在都是这个习惯，每当作品从最初的构思浮现在眼前，一直到一鼓作气把它画出来，我总是禁不住微笑。

在葬礼上我没能掩藏住笑意，母亲看到后，怒斥我不庄重。奶奶更是生气地训斥我："你怎么还能够笑得出来？死去的可是你至亲至爱的爷爷！"

我虽然心里感到十分抱歉，可是，我真的无法控制我自己。

所以，爷爷的葬礼一结束，我马上就回到了东京。在那里，我终于可以一个人毫无拘束地笑了。

我渴望拿起画笔。我要把它画下来，一刻也不能等。

"老师，有幅作品我无论如何也想要画出来。我的灵感奔涌，源源不断……"

我这么跟小川老师一说，虽然他本来还安排了其他课题给我，却果断地支持我说："那就马上着手吧。"小川老师是位非常认真的严师，以往每次创作新作品时，为了让我们多学内容，总会要求我们至少要在新作品中使用一种新技法。然而这一次，他却主动建议我说："这次，还是不要使用任何特别的技法了。"

"只有这样，你才能在最短的时间里把自己的构思融入画作中去。小松，只要画出你真正想要表现的东西来，就可以了。"

就这样，我开始忘我地投入创作。

虽然在创作中并未使用新技法，但是，铜版画创作本身就是一件很费时的事情。

铜版蚀刻需要等待时间，好不容易制版成功了，后期的印刷仍然需要进行无数次的尝试。完成印刷后，还要对描画不足的部分、笔力较弱的部分用笔补描，然后在此基础上手工修改印版。经过这样的循环往复之后，才能够最终形成作品。虽然我从早到晚废寝忘食地忙活，最终完成作品还是花了三个多月。这就是我的铜版画作品《四十九日》的诞生经过。这幅作品并不是单单刻画了第四十九日的情形，而是体现了整个四十九日的过程。

爷爷的去世，启发我开始通过铜版画来刻画那些在我心中珍藏已久的神兽以及守护兽。

从此，我终于开始用手中的画笔，把那些我一直想画，却因为抱有敬畏之心而不敢描绘的那个看不见的世界，把那些因为害怕不被理解而没能付诸笔端的神奇的存在，毫无畏惧地用绘画表现出来。

不管谁说什么，都要勇往直前

《四十九日》完成后，不仅在学校，在社会上也极获好评，这成为我迈向铜版画家生涯的契机。

我与其说是高兴，不如说是松了口气。我知道我总算没有迷失自我。

和坂城町比起来，东京是一个非常物质而现实的地方。虽然在这里，我在绝大部分时间里都只是埋头于自己的学习与创作，但是却不可避免地受到了影响。日复一日，如果就这样被完全淹没在看得见的世界里，被淹没在物欲横流的物质世界里，那么我和那片看不见的世界之间的连接也将被打断。就在这个关口，爷爷的离世唤醒了我，让我能够将自己一直想要描述的灵魂世界，通过作品的形式呈现在大家的眼前，这顿时让我心下安然。而这一切，都归功于小拉比和我的爷爷。

成为话题人物之后，议论就多了，有人赞扬你，自然也有人贬损你。

在学校开的一场评论会上，就有一位老师言辞尖锐地批评了我。对此，小川老师则坚定地反击道："小松同学，她有自己的独创性。"不仅如此，老师私下里也是这么对我说的。

"不管谁说什么，你都只管勇往直前就是了。"

老师总是为我指点各种不足，比如"这种药剂[1]用错啦！""你要加强一下技法练习啊！"等等，同时在创作方面给予了我全面而无私的支持和鼓励。谆谆师恩，永世难忘。

美大校园里人才济济，有的人技艺精湛，有的人则拥有惊人的创意。然而，一山自比一山高，天天和人比较，处处与人较量，不仅无趣，更加无益。

我不擅长的事着实不少。我不善于运动，学习也不行。我还不善言辞，害怕社交，所以朋友不多，不，应该说是少得可怜。小时候，我连牌都洗不好，常常被拿来和只大我一岁的聪慧的哥哥做比较，奶奶总是生气地凶我："这孩子，怎么这么笨呢！"

被说成"笨蛋"时，我也坦然接受，觉得"好吧！我是个笨蛋。当个笨蛋也不错"。长大后，每当遇到了自己想要了解的东西，我就会一头扎进去，如痴如醉地学个痛快，做一个简单专注的"笨蛋"。

我所喜欢的，唯有画画而已，这是我唯一的长处。

所以，不管谁说什么，我都只能勇往直前！

---

1 指铜版画在制版过程中需要用到的化学蚀刻剂。

再见，那自以为是的岁月

在女子美术大学求学期间，我也曾在学园祭上和同学们一起兜售大家共同设计制作的T恤，曾跑到居酒屋去勤工俭学，甚至还曾经搬出宿舍，和三两好友一起在外面合租小公寓。

我尽情享受着美好的大学时光。不过，在短期大学的那两年里，绝大部分时间我还是一头扎在了铜版画上。眨眼便迎来了毕业季。那时候我就下定决心，准备先进入专攻科[1]读一年，然后再读一年的研究生，这样就能在女子美术大学连续攻读四年。

之所以选择继续攻读，是因为我还有想学的东西；再者，如果进入专攻科，还有机会取得学士学位。进了美大，总得拿到一张美大的学位证书，证明自己的美大"身份"吧，同时也不枉父亲和母亲倾尽全力供

1　日本短期大学设置有"专攻科"的学制，专攻科是指针对特定类别学校毕业生或者具有同等学力人员，在特定领域教授程度较深的学习内容，指导其开展相关研究的课程。专攻科课程一般要持续一年以上。

我上大学。报考专攻科生，需要取得任课教授的许可，所以必须要拿出能获得老师认可的毕业创作。当我边想着"不认真准备可不行"，边走到图书馆时，微笑又自然地浮现在我的脸上——我有灵感了！

我很喜欢图书馆，所以大学期间经常泡在里面。那天，我正在看一本教育心理学的书。为了取得教师资格证，我会看一些关于介绍中学生心理状态的书。

上中学的时候，正是大家开始初尝人间苦辣的年龄。

上小学时，如果你说"我将来要当一名宇航员"，周围的人一定会鼓励你"只要努力，不管什么愿望都能实现"。但是，当你上了中学就不是这样了，他们会告诉你："想当宇航员，你得先考上某某高中，然后要考上某某大学……"所以，在中学时代，我们常常要面对梦想和现实之间的错位与碰撞，并从中品尝人生的酸甜苦辣。这些都是我从教育心理学中学到的东西。

就我自己而言，从来没有因为现实的考量而丝毫动摇过"想要成为一名画家"的梦想。即便如此，就像我前面写到的，我也曾因为自己与周围的现实世界格格不入而烦恼，最后发展到不去上学。那时候，我以为全世界只有我才有痛苦和烦恼。

事实上，在中学时代大家都一样，对所有人而言，这都是一段拥抱痛楚的时期。之所以会产生只有自己才烦恼痛苦的错觉，或许是因为大家在那段时期自以为是，都容易误以为"唯独自己是特别的存在"吧。

那好，不如干脆把那段自以为是的过去，大胆地揭露出来吧——我突然发现，这一灵感太适合当作毕业创作的主题了。

放纵自己的感受力，勇敢地直面过去，踏出绝不敢越雷池的那一步。从此，过去只是过去，我将迎来一个全新蜕变的自己，并最终把那个我一直想要表现的宏大命题变成作品。

于是，从那天开始，我着手创作下一幅铜版画作品《自以为是的岁月》。

在长野县的方言中，"自以为是"被说作"ちょづく"。在学校课堂上，当有学生调皮捣蛋的时候，老师往往会提醒学生："ちょづくな（别太自以为是）！"我就这样一边反复吟咏茨木则子的诗歌《自己的感受自己坚守》，一边画出自己曾经"自以为是的岁月"。

作品的主题取材于小时候我和妹妹两人玩的"小龙过家家"游戏。

小时候，我会蹲在马桶盖上，妹妹在下面，我们都用手摆出造型，当成是龙的嘴巴，假装龙妈妈在给龙宝宝喂食。那时候，我非常着迷于威武强大的龙。那个自以为是，以为只有自己有痛苦和烦恼，幼稚又渺小的我，在自己唯一的厕所小天地里勾勒巨大的龙。

可是，要表现自以为是的自己，又是何其不易。

刚开始，我把描绘的焦点集中在手的部分，然后刻成铜版画。虽然几易其稿后，最终完成了一幅作品，但是连我自己这一关都过不去。

"把作品放到公募展去，就知道到底是什么水平了。就这幅作品而言，我判断肯定过不了关。"

我遵照小川老师的建议，提交了参展申请，结果果然落选了。

　　于是，一切推倒重来。再次完成的作品，已经完全不同了。手的部分变成猫头鹰了。

　　"这次的作品好太多了，可以说，已经把想要表达的东西淋漓尽致地展现了出来。"

　　得到了小川老师认可的铜版画《自以为是的岁月》，入选2004年度女子美术大学优秀作品奖。最后，还被选中参加日本版画协会举办的版画展。

　　作品获得优秀作品奖后，虽然几个好友都为我感到高兴，但是真正赞美"这真是一幅了不起的作品"的，却是一位平日交往不多的学油画的同学。因为教职课程作业需要，我难得画了油画，在同学间的评点会上，突然有位同学对我说："你是我的竞争对手。"

　　一直以来，我都只沉浸在自己的绘画小世界里，所以对周围不管是多么优秀、多么了不起的人物，都没有抱以太多的关注和在意。因此，我只是感到很意外。不过，能够得到这么认真的人发自内心的认可，说心里话还是觉得很开心。既然连"竞争对手"都给予了肯定，我想，这幅《自以为是的岁月》应该已经把我那段不堪回首的过去充分表现出来了吧。

纸箱画室

读完研究生后，在求学的第四个年头，我开始四处找工作。

美大的很多学生在毕业后，瞄准的行业都是美术教师、广告代理公司或者制造商的设计部，再者就是找家普通企业工作。当然，在这批求职大军中也有特例。那位宣称把我当成竞争对手的同学，就属于一心想要当个真正的画家的少数派。

有一天，她一副理所当然的表情问我："小松同学也肯定准备当一名画家吧？"

我当时想也没想就直截了当地回答道："啊？我当然是先找份工作做啊。"

没想到对方听了，居然非常生气："亏我一直把你当成我的竞争对手，你能不能认真点对待画画这件事情啊？"

她不知道的是，在对待画画这件事情上，我何止是认真一点。实际上，我对待找工作才是真的一点不上心。

由于我实在是太醉心于画画，别的一概不顾，以至于老师都开始为我担心起来。

"小松同学太沉迷于自己的世界啦，这样老师很担心。其实也不一定非要进公司，就当作是增加自己的社会经验，去经历一下求职的过程。如果顺利，也可以为自己多留一条出路。"

小川老师几次三番地说，我这才决定"要不然，就出去找找看吧"，于是开始了我的求职之路。虽然这么说可能对那些认真准备、一心求职的同学们不公平，但我当时真是一半抱着好玩的态度去找工作的，觉得这也是一份不错的"求职青春经历"。我像是旁观者般，沉浸在"像普通人一样融入社会的自己"的氛围里，乐在其中。

"没事，反正估计都不会被录用。"我对那位把我当作竞争对手的同学说道，不过这说的也是我的心里话。而且事实上，那些让我去面试的公司，也全部没有下文。

虽然我还面试了电视局和广告制作公司的美术部门，还有电影制作公司等，但是因为完全没有准备，所以基本上连面试官的问题都答不上来。

记得有一次去面试，在电梯里我正想着"这次肯定又过不了"，没想到同乘一部电梯的另一位美大的学生直接对我说："这次面试，你肯定失败了。看到你，我总算明白了一个道理，那就是：凡事预则立，不预则废。"

唯一决定录用我的，只有一家图画销售公司。那天我还以为只是公司的说明会，没想到当天直接就给面试，面试的时候我也没说什么令人惊艳的话，更没想到公司很快就寄来了录用通知书。

而且，那家公司销售的所谓"图画"，全都是一些高仿的印刷品，说白了，都是些赝品。录用通知书当然被我扔在了角落里，后来的事情也证明，我没有稀里糊涂地入职也是一大幸事。据说，那家公司甚至连销售方式都不太正规，不久之后，公司的社长就因涉嫌欺诈被抓了起来。

虽然这是每个步入成年的人都要面临的问题，但是，日本的美术大学并没有向学生们传授如何成为一名以艺术维生的创作者。虽然学生们在学校学到了扎实的绘画技巧，打下了深厚的功底，但是对于那些怀抱成为一名伟大画家梦想的学生来说，没有人可以给到像样的建议。

到设计公司找一份工作，或者当一名美术老师，或者留校，成为我身边绝大部分同学毕业后的就业选择。至于那成为一名画家的远大梦想，及其实现途径，也只能留待毕业后，各凭本事，各自探索了。

一旦决定无论如何也要依靠绘画闯出一条生路，有的人毕业后不得不继续在便利店兼职打工；有的人虽然进入设计公司工作，但是因为签的是短期合同，所以时间一到就会被解雇，这样的例子并不鲜见。

当然，也有人经过坚持不懈的努力，作品被选中参加具有影响力的画展，最终在画坛中获得了一席之位。即便如此，这些人的作品大多也只能在日本的艺术圈里露脸出镜。

要想成为一名作品登上威尼斯双年展等国外的顶级艺术展或者展览会的艺术家，则还必须要遇到具有国际视野的画廊以及策展人。

别看我现在说起这些一套一套的，似乎很有经验，可是回想起二十二岁的我，那时候缺乏系统的专业知识，也根本不知道该如何摸索自己的艺术之道。我只是想要继续画画，所以才在毕业后找了一份兼职。

当时我住在一间租金为每月五万日元的小公寓。虽然我对吃穿都要求不高，但是光靠画画根本没法糊口，更何况，画画本身的花费就不是个小数目。虽然我还想继续创作铜版画，但是，学校的资源已经没法使用了。

我找了一家像共享画室一样的版画工坊，只要每个月缴纳一定的会员费就可以免费使用。去了一段时间后，发现实在不适合自己，于是也当机立断放弃了。

最后想了个办法，我在自己的小公寓正中间摆了一个纸箱子，上面放了板子，就这样画起画来。虽然我需要一张桌子，但是我更想把买桌子的钱拿去买画画的原料。所以，我拥有了我的私人纸箱画室。铅笔、画笔和墨，我尽可能地使用便宜的绘画材料，持续画画。

经人介绍，我得以在USEN兼职打工。当时恰逢USEN要把公司搬到东京中城（TOKYO MIDTOWN），所以他们的总务处正在招一名兼职，负责接待问询。他们提供的兼职报酬还不错，也不需要任何加班，所以我想，如此便不至于影响我画画。

令我大开眼界的是，一起共事的女同事们，个个青春靓丽、摇曳生姿。大家都用心打理发型，连指甲也护理得闪闪发亮。我是第一次接触到这么多光鲜亮丽的人，而我因为经常在休息时间吃咸味仙贝，所以经常被打趣道："只要美羽一到休息室，整个房间就能闻到仙贝的味道。"

生活就这样日复一日地向前铺开，虽然仍然不知道通往绘画王国的梦想之路究竟在何方，但是我依旧不慌不忙。因为，我仍旧坚信，有朝一日，我那水杉之梦终将实现。

因为在那个梦里，我已经遇到了能够理解我的画的人了，所以我坚信，我的梦想一定会实现。我只要用心找到梦中出现的那个人就可以了。形形色色的人在USEN公司进进出出，说不定，我那水杉之梦中的贵人就在其中呢。

一有机会我就会和遇到的人聊起绘画，聊我在女子美术大学初次接触并且一直坚持至今的铜版画，聊自己的创作理念，聊我现在正在画的画。

不记得多少次被轻描淡写地敷衍，然而我从来没有放弃这样的尝试与努力。有一天，我终于遇见了美术界的专业人士。

"我们公司近期准备在新宿的高岛屋开一间艺术商店，里面也卖版画。我看你介绍起作品来思路清晰、娓娓道来，应该很适合我们的工作。店里经常会有美术界的专业人士光顾，所以你可以在里面做些接待的工作，说不定一不小心就遇到自己的机会了呢。怎么样，有没有兴趣过来帮忙？"

我毫不犹豫地辞掉了USEN的工作，开始在高岛屋的艺术商店里打工。

果然如前所料，光顾店里的，很多都是真正的艺术爱好者。一回生二回熟，有的顾客熟络以后，我就会请对方看看我的作品。有时候，应邀参加一些画廊业者的酒会时，我也会带上我的作品过去，请他们帮我点评。

但是，没有人欣赏我的作品。不仅如此，冷嘲热讽倒是收下了不少，像是"这画实在不怎么样"，"就画成这样，还准备当画家啊"……

因为当时我的代表作还是停留在《四十九日》，所以我总是把这幅画卷起来随身携带，一有机会就找人帮我看，但是，大部分人看后的观感都是"看着怪恶心的"。

他们问我："你自己想想看，要是把这样的画挂在你家里，你会舒服吗？"

可是，我画的，本来就不是挂在家里墙壁上的漂亮的装饰画啊。我画的画，是为了展现那个万物有灵、众生平等的看不见的世界！

不过，那时候就算我说出这些话，估计也只能徒增嫌恶罢了。

尽管如此，我仍然坚持在自己的纸箱画室中，继续画画。

命运的关东煮店"小花"

有时候，人会因一些微妙的印象而走到一起，成为朋友。

如果第一印象觉得，对方和自己是同一类人，或者对方和自己很像，立即就会产生一种相见恨晚的感觉。两人有着共同或相似的出身、毕业的学校、兴趣爱好、成长环境——共情越广，共同点越多，越是让人相信彼此之间的情深缘厚。

人们总是觉得，那种惺惺相惜、心有灵犀的朋友，才是自己需要并期待的。

然而，事实果真如此吗？我认为不是这样。

一只兔子和一个人，从外在看来他们之间有云泥之别，但是从灵魂的层面来看其实毫无二致。同样的道理，我并不觉得表面共同点的多寡，就能代表彼此关系的全部。

就拿我自己的例子来看，现在和我最要好的，仍然还是在USEN打工的时候，一起共事过的那些美女。最初，我觉得她们只是我"工作上的伙伴"。随着交流的深入，我发现同样美丽的外表包裹着的是一个又一个独特而鲜活的个体。一旦突破双方预设的"难以亲近"那道屏障，我们最终还是成了知己。

从那以后，公司那些穿着流行鞋款的美女，和总是光脚穿拖鞋的我，也时常一起相约外出旅行了。直到现在，每当我在海外举办个展时，她们就是会不远万里专程赶来为我撑场的挚友。

所以，待人接物，千万不要先入为主地区别对待。不管是对别人，还是对自己，都不应该妄下定论。因为我觉得，缘分多奇妙，你不知道在什么时候会以什么样的方式遇到；而且，从灵魂的层面来看，不管是谁，灵魂都是平等的。

当我在艺术商店打工的时候，一位曾经在USEN结识的好友，用多年存下来的所有积蓄，开了一间小酒吧，是一间只有一条吧台的小店。

我挑了一幅名字叫《可爱的睡颜》的作品，拜托她挂在店里。

我对她说："我想让更多人看到我的画，所以能不能拜托你挂在店里呢？"

二十三岁的时候，我开始频繁地返回长野老家。虽然我从未放弃成为画家的梦想，但是，毕竟在东京的日常开销巨大，我实在是不堪重负。

我在大学的时候就拿到了美术教师资格证，所以我返回长野老家，一边准备教师录用考试，一边沉浸在大自然中继续我的创作——我发现，这样的生活也还不错。巧得很，那时候母亲正好从原来那座狭窄的小区公寓搬进了一套大房子里，我也就有了足够的场地画一些巨幅作品。我于是也想着，女子美术大学的朋友很多都回老家去画画了，我也没必要非得死撑着留在东京。

我在老家刚开始养的狗也很可爱。所以，要说自然环境，比东京可好了不止一点点。我就这样三天两头跑回家，父母亲倒没什么，左邻右舍看到我这样一个女青年，天天脖子上吊个相机带着狗散步，肯定以为我是个不求上进的啃老族吧。

不过，每次在家待上几天，我就会回到东京。我还要打工呢，而且，我不想还没战斗就认输。我会为自己逐渐失去初心而感到惭愧。

朋友的酒吧开业后不久，一天她突然给我打来电话。

"有个常来的熟客，说是很想见一见美羽呢。"

据说，那位顾客因为看到我那挂在吧台里的铜版画，感到内心得到了救赎。他应该从酒吧开业以来就时常看到那幅画，那段时间他的父亲以及某个至亲刚好过世。那天，他一个人窝在酒吧里喝闷酒，想着人生无常、生死难料，不知不觉中，视线落在了墙上那幅《可爱的睡颜》上，不知为何，据说那一刻他的内心突然变得无比宁静。

"他也是美术界的专业人士呢。他说无论如何，想要亲自见一见画的作者。"

朋友说那位客人的名字叫高桥纪成，听说还是一位发掘、培育画家的策划人。我很快和他在酒吧见了面。

事后我才听说，高桥先生注意到我的画后，笃定地认为"这幅画表现的是一位养育了两个孩子长大的六十岁左右的女性"。

见面那天我还是素面朝天，当二十三岁的我不慌不忙地出现在他眼前时，他当时颇有些吃惊，一时不敢相信"这画，真的是这么年轻的一位姑娘画的"。

不过，那天我心里其实特别紧张，所以也顾不上去体察对方的心理。我迫不及待地希望对方能够听我谈我的画，但是高桥先生却表示，希望另外约个时间详谈。

"今后是否有机会一起合作，我想另外找个时间，再仔细详谈。我对你的画的确很感兴趣，但是也有可能详谈之后，我却觉得'这个人还是差了点'，实际上，这种情况并不少见。万一出现这种情况，你可不得在朋友面前哭鼻子啊。这样我于心不忍，所以，今天我们还是不谈工作，如何？"

高桥先生提议说，不如定个地方一边吃饭一边聊，他问我的意见，这可着实让我焦虑了一番。我平日是个画起画来连周日都闭门不出的人，外出吃饭的次数更是少得可怜，一时半会儿还真不知道哪里合适。

要说喜欢吃的东西也有，那就是母亲炖的大萝卜块。但是，我也不好意思直接说出来啊。炖萝卜这样的东西说出来，不但店很难找，而且礼节上更说不过去。没办法，我只好说，喜欢吃"萝卜"。我心想，萝卜嘛，寻常店里都少不了，应该问题不大。没想到，高桥先生笑着说："你就报了个食材，叫人怎么找啊。"

最终，我们改日再聊的地方，定在了新宿的一家叫"小花"的关东煮店。既然是关东煮，萝卜当然不会少，不过店里的菜单上居然还有佛蒙特咖喱，真是不可思议。而且店里人声鼎沸，生意简直太好了。我想说，万一把我弄哭了咋办，有包厢更保险啊，不过我可不敢说出口。

我们就这样坐在店里吃起关东煮来。高桥先生问的第一个问题就是："你为什么想成为一名画家？"

我说："我一直都想成为一名画家，一直。只要能成为一名画家，就算明天让我立马就死了也值得。"

高桥先生听了，直截了当地打断我说："不活着，怎么能工作？你可不能这样就死了，要在活着的时候好好画画。"

或许，当时我已经有点乱了方寸了吧。高桥先生问我："你是从什么时候开始画画的？"我回答他："我大概从生下来那一刻起，就开始画画了。"结果他大吃一惊，追问道："刚生下来时候的事情，你会记得？"结果，我又忙不迭地解释了一大通。

"现在自然是不记得小时候的事情，但是据说我在很小的时候，居然会复述在妈妈肚子里的时候听到的一些事情。所以，我觉得自己那时候一定已经开始画画了。"

不过，我说的这些似乎并不是对方想要的答案。

"对这幅画，你自己是怎么想的？"

"到目前为止，你有什么样的人生经历？对于自己的人生经历，你怎么看？"

他就这样，问了我各种各样、五花八门的问题，关于画，关于文化，关于人生的目的。他每提一个问题，我便拼命尽力回答，但是始终答非所问。

我们从傍晚七点开始谈，不知不觉谈到了东方泛白。

店里的小花老板，其实是一位大叔，这时也忍不住过来催促道："啊，那个，不好意思，你们看现在已经五点了，小店也该打烊了。"不知从什么时候起，店里的客人都走光了，我们简直享受了包场的待遇。所以，我们之间的谈话，店主小花也一字不漏全听在耳朵里，他只怕是也听出来了，我和高桥先生根本谈不到一块去。

终于，小花老板也说道："今天就这样吧，不如你们改日再谈？"

似乎，结局就这么注定了。不过，和高桥先生一席彻夜长谈，倒还是让我注意到了一些东西的。比如，他硕大的身躯，他的大嗓门。我心里暗想："这个人，就是我水杉之梦中出现过的那个人啊。"

所以，临分别之际，我还是慌里慌张地把我曾经的那个水杉之梦，讲给了高桥先生听。结果，他回答得倒也干脆。

"我，讨厌这种说辞。"

心形的斑秃和阿久悠[1]先生

"不要紧。我一定，一定会成为一名画家。我一定会遇到水杉之梦中出现的那个人，我们会一起开画展。"我常常这么鼓励自己道。

每当这时候，最支持我的妹妹总会站出来，一如既往地鼓励我："就是，就是。姐姐最棒，姐姐加油！"

对于我这个总是说些奇怪话的女儿，母亲也从最初的吃惊，到后来多少有些习惯。"哎，既然你这么有决心……"最后，母亲终于也开始选择相信。

但是，水杉之梦中出现的那个人，我却始终没有遇见。初中的时候，没有。高中的时候，也没有。后来去了东京，还是没有。在上女子美术大学期间，仍然没有。毕业后，眼看两年时光就要过去了，依旧没有……

1　阿久悠，1937年2月7日出生于日本兵库县，诗人、词作家、小说家。

毕业以后我没有进公司工作，而是一边打着零工，一边时不时回到长野。有一天，母亲问道："我说，美羽，你还没有遇见水杉之梦中出现的那个人吗？"

所以，当高桥先生出现的那一刻，我是真的满心喜悦。但是自从与高桥先生那天完全不在一个频道上谈话，于黎明时分告别之后，再也没有联络了。

几天后，高桥先生那边来了回音。

"我明白了你的决心，所以，先不说其他的，我想看看你到目前为止所画的所有作品。如此来判断，你到底是不是一位能够走向世界的逸才。"

他说到时候要开车过来，所以我把住址告诉了他。约定的那天，我透过公寓的窗户向外张望，心想他"应该马上就到了吧"。果然，只见狭窄的街面上驶来一辆黑色的轿车。车型很大，通身光亮。这样的车，载着那样的一个高桥先生，简直令人望而生畏。虽然车子看着奢华尊贵，但是，坐在里面的那个人，无疑是个令人捉摸不透的怪人。

高桥先生将头伸出车外，发现了从窗户探头张望的我。他下车"哗啦"一声打开后备厢，挥着手做出"把画装进去！快装进去！"的动作。

"拜托，别做这些稀奇古怪的动作啊。我可不想被邻居看到。"

我以迅雷不及掩耳之势，很快把早就准备好的作品一股脑地塞进了后备厢，连车后座也塞满了，又在高桥先生不断地催促下，钻进了副驾驶室。

上车后，高桥先生始终一言不发，我也默默不语。虽然我挺直腰板坐在副驾驶座上，但是因为坐垫实在太软，我整个人都快陷进去了。我心里越发紧张起来。一路上，高桥先生虽然聊了几句绘画的事情，但也就是寥寥数语，过后便彻底陷入了沉默。至于我们要去哪里，他更是只字未提。

不过，我一路上不停地确认路标，所以知道我们是往银座去的。

我心里暗想："如果是银座，那应该是去画廊吧。"

果然让我猜中了，是高桥先生的朋友开的画廊。我们到的时候，里面已经聚集了好几位藏家。

"太有意思啦。这画里表现的主角是什么？"

"这里这只兔子有什么特别的含义吗？"

大家最感兴趣的，还是那幅《四十九日》。

藏家们抛出了许多各种各样的问题，不过高桥先生没待多久，抛下一句"我去抽支烟"便自顾自出门去了，留下我自己一个人回答藏家们的问题。

我一边打起了一百分的精神向大家介绍作品，一边心里暗想：这样的反馈评价，我还是第一次遇到呢。以前，看到我的作品的人都是抛下一句"看着怪恶心的"，大家对我的作品的评价都是一句冷冰冰的"这样的画我可不想挂在家里"。但是这次，无论是到场的藏家们，还是画廊主，都对我的作品给予了赞誉、肯定。

"我们觉得这些画非常好，很有意思。"

高桥先生返回后，一边听取大家的意见，一边"嗯嗯嗯"地点着头。最后，他总结道："明白了，看来还是有点意思的，对吧？"

我肯定高桥先生就是出现在水杉之梦中的人，但是我却不敢确定他是不是认可我。我回到家后，高桥先生的电话打了过来。

"你在哪？"

"我在长野。"

"你怎么搞的！你不是说要成为画家吗？回长野干什么！给我马上回东京来！"

原来高桥先生另外给我介绍了一份很容易请假又条件不错的兼职。因为他希望，我把时间花在"画更多的画"上。

他还带着我参加各种聚会、酒会。我说我不知道要说什么，也不知道要干什么。结果他叫我"就给我安静地坐在角落里。身为一名画家，就得观察这芸芸众生，看尽这世间百态，然后把自己的感觉融入画中"。我真的就一直乖乖坐在位置上看，然后，遇见了形形色色的人。我的斗室里依旧是那张用纸箱搭成的画桌，在那上面，我画了一张又一张，一张又一张……

"不要因为没钱，就尽给我画些小里小气的画。干吗不是黑就是白？给我挑战颜色画。就算不吃饭，也要先给我保证买绘画材料的钱！"

就这样，在高桥先生的要求下，我开始在绘画中使用颜色。过去我老觉得自己穷，所以用便宜的材料画画。思路决定出路，现在这样的短视想法不改变不行了。

高桥先生第一次正式给我工作，是在我二十四岁那年。

一天，高桥先生突然问我："你有没有兴趣为阿久悠先生的致敬专辑画一幅封面？"

这是一个意外获得的机会。据说，原本接手作画的人突然有状况推掉了这单工作，所以专辑制作人这才十万火急找到高桥先生。

"实不相瞒，时间非常非常紧。我们另外还向很多人约了稿，通过设计竞赛的方式决定采用谁的作品。所以我们不能保证小松小姐的画一定会被采纳，如果落选也无法提供任何稿酬。如果能接受的话，希望能在三天内提交几种画样。"

高桥先生和专辑制作人谈的时候，我就坐在邻座一边等待一边吃着咖喱饭，一听到制作人这样说，我马上说："我愿意！我画！"

说完，我狼吞虎咽地吃完咖喱饭，说了句"不好意思，我马上回去画，先走一步了"，便急忙赶回了家。

那时候，与其说是为了找份工作，倒不如说是在拼命努力，想要得到高桥先生的认可。

之前，在小花关东煮店里，高桥先生就对我说过一些话。

"对了，你那幅挂在酒吧里的铜版画……"

"哦，您说的是《可爱的睡颜》吧？"

"说实话，那幅画里的东西，与其说是可爱，不如说是恐怖来得更贴切。但是，当我看到它，却分明感觉到了神明的存在。到底是为什么呢？里面明明没有画任何神明啊。画面中出现的更像是形态怪诞的妖魔鬼怪，但奇怪的是我却能从中看到神明和孩子。"

听到这里，我回答道："我觉得表现神明，不一定就要原模原样地把他画出来。"

在我们那场完全不在一个频道上的谈话中，高桥先生说这是唯一一句讲到他心里去的话。

——因为身边珍视的人相继离世，陷入对生与死的真谛进行深入思索的高桥先生，正好在那间小酒吧里，看到了那幅作品。

人们思考死的意义，探索死的真谛，也畏惧死的降临。人们为了理解"死"这一概念，于是创造出了像人一样的"神明"形象。然而，"神明"说到底只是为了便于理解而创造出来的一个"外在形象"罢了。真正的神并不一定是白衣飘飘、长须拂面的男子形象。从这个角度理解，觉得"没必要原模原样地画出神明"的小松美羽，不正是在努力表现出真正的神明吗？

这些感受，是高桥先生在经过一段时间之后才告诉我的。也正因如此，后来我把那幅画的名字，从《可爱的睡颜》改为了《神与子》。

从那以后，我不再是单纯地画出那个看不见的世界的种种生灵，而是通过我的画，努力让大家去了解那个看不见的世界。我的画，从此跨越了自己那扇狭小的心门，开始走向广阔的世界。我的画，成了大家在了解那个世界的过程中的一件可资利用的工具。

高桥先生能感觉到"这幅画不正是在表现神明吗"，说明他已经真正理解了我的画。

要让我的画成为大家了解那个世界的工具，首先，必须让我的画能够回应高桥先生的期待。

我画的粉色大象，最终被选中，成为致敬阿久悠先生系列专辑之一——"粉红女郎"[1]的《坏朋友（Bad Friends）》专辑封面，而且他们后来还把专辑里的歌词本的插画工作也交给了我。为了表达感恩和敬意，我特地打听了阿久悠先生的墓地并前去祭扫。或许因为这个举动，接下来出的《歌鬼（Ga-Ki）》专辑封面也采用了我设计的画。自此之后，我的生活开始发生翻天覆地的变化。

有人曾经在采访中问我："那段不被认可的孤独岁月，一定很艰难吧？"但是说实话，遇见高桥先生以后的日子其实更不轻松。

他说："要成为一名专业画家生存下去，可不是那么容易的事。你要有心理准备。"

没有称赞，只有画不完的题目。巨大的压力下，我甚至患上了斑秃。

不过，所有的付出都没有白费。我的作品还是获得了肯定，我那头上的斑秃居然也是心形的一块。

"心形的斑秃！好可爱啊，而且，兆头也好！"

日子虽然难熬，但毕竟不是生死考验。而且，我也没觉得多苦多累。

这一切，只不过是个开始——我心内了然。

1　粉红女郎（PINK LADY），20世纪70年代日本红极一时的女子二人组合。

4

将大和力，推向世界

出云大社赐予的《新·风土记》

在纽约的"高强度艺术集训"

人生就像爬台阶，有时候当你踏上一个台阶，未必自然而然地就能迈上另一个台阶。

很多时候，你明明还在同一个台阶上原地踏步，却误以为自己在不断地上升。

有时候，你仿佛永远看不见下一个台阶，陷入了山穷水尽的境地。

有时候你想"一鼓作气冲上去"，直接跨越两个台阶，结果反而摔得更惨。

人生道路上，不可能有笔直的台阶，遑论轻松直达的升降梯。

自从做完阿久悠先生的致敬专辑后，各种约稿开始纷至沓来。在神户异人馆，我和中滨寿美子女士开了一场画与花的联合专展，展会取名为"一张画布"。我还参加了在青山螺旋大厅（Spiral Hall）举办的"玫瑰（Roses）"慈善艺术展。

有一次，一本杂志在介绍我的页面上，除了作品还放上了我的照片，并附上了一句宣传语："美得不可方物的铜版画家"。从此以后，电视等意想不到的媒体都开始邀我上节目了。

对我来说，画家在作品旁边放上自己的照片，就像在学校的开放日上冒昧露脸的家长一样，我不太能接受。我明白自己作为艺术家道行尚浅，力量也有限，对"美得不可方物的铜版画家"这种过度的包装，一开始我的内心是抗拒的。可是，正是因为有了电视节目的出场费，我才能够买下因价格高昂而一直不敢出手的铜版画机。于是我决定，为了能够画更多的画，不应该拘泥于那些细枝末节的偏见、规矩。

"能够通过作品来表现世间百态，这就是艺术家。你现在唯一缺少的，就是人生经验。所以，你要多观察并用心去体会人生百态。"我遵照高桥先生的建议，积极主动地接触了各式各样的人，之后开始从中慢慢地发现了人们有趣的一面，而过去我对这些东西根本毫无兴趣。随着越来越多的人看到我的画，我能感觉到自己的绘画技艺也在日益精进。

"你这画的格局怎么这么小，给我画出更大的画来！"

高桥先生对我的画的尺寸也提出了这样的建议，虽然我也想这么做，但是不知为什么一直没有动手。我的认知在不断前行，可是我的画却依然在原地踏步。

这时，一直照拂着我且从事艺术经纪人工作的盐原将志先生对我提起了一件事。他是盐原艺术工作室的法人代表，也是"日动当代艺术"（一家老牌画廊）的顾问。

"我过段时间要去纽约出差。小松如果愿意，不如一起去吧？我可以带你去看看那里的拍卖场。不过，我是去工作的，所以没法过多地照看你。"

我当然毫不犹豫地答应了，并马上买了飞往纽约的机票。我再次想到了钱的好处：多亏了从媒体接下来的那些工作，我才能不再受到金钱的束缚。

这次行程虽然只有我自己一个人参加，但可以称得上是一次"高强度的艺术集训"。

我跟着盐原先生，徜徉在纽约的画廊和美术馆中。他为我引见了许多活跃在一线的画家，带我去参加各种业内餐会。我还得以亲历苏富比、菲利普斯和佳士得等世界顶级拍卖会。

在拍卖会晚间拍卖中交易的作品，有美国的辛蒂·雪曼（Cindy Sherman）、杰夫·昆斯（Jeff Koons），日本的村上隆、奈良美智以及草间弥生等人的作品，无一不是世界当代艺术界排名前500强的大神级作品。前来参加交易的全部都是超一流的艺术经纪人、来自全球各地的收藏家以及顶级富豪，成交金额动辄数以亿计。在那里上演的，是一场场知名艺术家们夺目生辉的"本格战斗"。

拍卖会自然已经令我大开眼界、真心拜服，不过盐原先生带我去参观维克·穆尼斯（Vik Muniz）的艺术工作室给我带来的巨大冲击，也让我念念不忘。虽说是艺术工作室，但实际上要大得多，里面的环境布置一应俱全，是一处非常适合集中精力于艺术创作的场所。里面还设置了专门的休闲场所，甚至连日本庭园也被搬进了工作室。

参观流连中，我不禁想起了自己位于日本中野富士见町的那间公寓。六张榻榻米大小的一室格局，那张仍然摆在房间最正中位置的纸箱画桌，就是我画室的全部。

"比起来，我那间斗室还没有这儿的一个卫生间大呢。"

但是，我想要做的，是成为一名画家，专心地画神兽们，并通过他们带着我们通往那个看不见的世界。我希望尽可能让更多的人看到我的画。要达成这个目标，我就不能停留在对维克先生，抑或对草间女士的羡慕憧憬之中。我必须要成为一名能够和他们比肩战斗的画家。我就是我。有一天，我要成为一名著名的画家，成为小松美羽自己。

这次行程让我有了痛感，自己不能再以目前的状态继续下去了。我的格局观为之一变。我对以前自己那井底之蛙一般的格局感到愕然无语：在自己窄小的公寓里，用那台铜版画机制作出来的作品，是多么拘泥小气，那样的一个自己是多么小家子气。

我出生在岛国日本，生我养我的地方是藏在崇山峻岭之间的一个叫作长野坂城町的小地方，但这都不是重点。因为一部纪录片《垃圾艺术》中的主人公而为世人所知的维克·穆尼斯，出生在巴西一个贫民窟家庭，年轻的时候曾因为制止别人打架而遭受枪击。他利用得到的赔偿金来到美国，从此迈进了人生的上升通道，最终成为一名超一流的艺术家。

这一切，和环境，和时代，都没有关系。

我也一样，我也想要登顶世界上那最高的艺术殿堂。

盐原先生因为有自己的工作要忙，所以不可能一直陪着我逛下去，有时候他会吩咐说："我和画家有重要的事情谈，所以不能带你。"于是乎，我一个人把他介绍给我的主要画廊，全部看了个遍。

　　"英语不好没关系，但是一定要试着和画廊里的人多沟通，多交流。如果对方有意向，你还可以把自己的作品集拿出来给对方看。"

　　就这样，我听从了盐原先生的建议，背上背包，里面装着自己的作品集，一间一间画廊逛过去。纽约是一个非常成熟紧凑的城市，当代艺术画廊一般都分布在商业闹市，比如切尔西区、苏荷区，以及下东区等地。城市道路分布井井有条，不熟悉当地情况的我也能穿梭其中而不迷路。

　　每到一家画廊，我便喊一声"Hello"，然后推门而入，用蹩脚的英语自我介绍道："我，是一名艺术家……"画廊里的人反应各异，不过也没办法用"夸赞"或者"嘲笑"这样的简单字眼来概括。因为，有的人根本就不愿意看我的作品集。

　　"如果真的想要到我们画廊展览，还得再提高一档水平才行。"——能这么对我说的已经算是客气的了。除此之外，有用一句"我不是负责人，所以……"敷衍我的，有说"你这种水平的，我们这里一抓一大把"直接拒绝的，还有完全无视的……

　　总之，我得到的答案基本上都是"No"。当我四处跑了许多画廊之后，我终于领悟了一个道理。

　　盐原先生一早就知道我肯定会被拒绝，所以才特地让我到这些画廊去走一圈。他其实是想让我到艺术的最前沿去体验感受一番，从中揣摩自己的格局到底有多么狭小。

"每一家画廊肯定都有宣传册。如果遇到自己觉得不错的画廊，或者让你想要把自己的画也摆进去展览的画廊，你就把他们的宣传册拿一份回来。这样，你就可以确定自己的目标画廊了。"

我按照盐原先生的方法去做，没想到仅仅三天时间，我手里便收集了一百家画廊的宣传册。

纽约之行让我第一次明白了一个原本显而易见的道理：铜版画实际上就是"print"，即印刷作品。

在国际艺术世界里，一件独一无二的绘画作品和版画作品之间，实际上有着云泥之别。如果想要获得业界的认可，那么还是需要能画出独一无二的大幅绘画作品才行。

有一次，盐原先生这么跟我说道："你不应该成为一名版画家，你要成为一名艺术家！"

我终于发现了自己的下一步台阶。

与《四十九日》诀别

2012年，我在坂城町的"铁之展馆"举办了第一次个展。

纽约之行回来后，我痛感自己局促的格局，不改变就不会有出路。所以，我觉得自己有必要回到我的原点——坂城町，在那里像小时候一样近距离地感受自然的能量。就这样，我决定在坂城町举办我人生中的第一次个展。

按照字面意思理解，"铁之展馆"本是展示刀枪剑戟这些铁制品的地方，虽然在这里办画展对于它来说也是破天荒的头一遭，但没想到来看展的人还很多。

展示的作品也不只有铜版画，还有一些运用色彩的素描画，甚至连立体作品我也挑战了一些。那一年，我还决定在位于善光寺参道的北野美术馆分馆也举办一场个展。准备展览的作品，基本上也延续了一直以来的风格。

这几场个展能办起来，还多亏了我参与的株式会社"风土"。高桥先生也是其中一员。"风土"不仅培养画家，也致力于发掘、培育各行各业的日本匠人。我们准备把像博多织、有田烧等日本独有的传统技术，特别是那些在地方流传下来的宝贵文化遗产，推向广阔的世界。

"风土"的社长冈野博一先生，是博多织的织元[1]冈野第五代传承人。冈野博一先生在美国度过了一段高中时光，是一位拥有国际视野的文化传承人。我想正因如此，他才会如此珍视这些日本化的东西。

"要用尽全力把自己的强项发挥到极致，只有这样方能于世有益，才能够有能力为整个人类做贡献。传统工艺就是我们日本最大的强项，我要把它推向极致，达到艺术巅峰的高度。"

冈野先生就是秉持着这样的信念，为了不让博多织濒临失传，创建了"千年工房"。他通过OKANO（冈野）品牌，运用博多织的技术，将京都的型友禅[2]商品化。我也参与其中，为他们设计一些丝巾图案。我还用博多织做了白虎纹样的腰带，自己佩带。

狛犬和龙，很久以来就是各种纺织品、烧制品所经常表现的对象。而冈野先生向我介绍的那些融入传统工艺中的神兽轶事，真是令我回味

---

1 日本对丝织品包买商的称呼。
2 友禅染是日本最具代表性的传统丝绸染色工艺之一，其开创人是江户时代的京都绘扇师宫崎友禅斋。他将扇绘的技巧用于和服的布料上，直接将图案绘制于布面上，其线条轻盈且花纹清新，显现出活泼明快的气氛，与当时其他布料风格大不相同，所以广受欢迎，并以"友禅"命名这种染色技术。明治时代，友禅染名匠广濑治助发明了"型友禅"，是以友禅染大师创作的花样为范本，一种颜色刻一块型版，根据型版涂上色块后再印到布料上，弥补了手绘大师作品不可复制的缺陷。

无穷。起源于中国的神兽白虎的传说，就是冈野先生告诉我的。

白虎性情刚直，专吃那些扯谎、虚伪、阴险狡诈之人。"但是，这些人被白虎吃掉之后，却能够在来世改头换面，重新做人。这就是神兽白虎啊。"

听到这个故事，我浮现了这个念头：

"如果我想要挑战全新的领域，不是也应该像这样置之死地而后生吗？"

当然，我这么说，并不是要自绝生命。这个念头闪现的时候，浮现在我脑海中的，是那幅仿佛已经成为我个人象征一般的《四十九日》。于我而言，那是一幅异常珍贵的作品，是我作为一名画家所迈出的第一步，也是我将那些神兽以及精魂画之于笔端的第一步。可以说，我之所以能够引起媒体的注意，也全是仰赖它的功劳。

为了能够超越《四十九日》，我又创作了《六道轮回》等各种各样的作品。但是，吸引各方注意的，却一直都是《四十九日》。虽然我已经发表了新作品，然而在接受采访的时候，每每仍要面对"继《四十九日》之后，您准备什么时候推出新作？"这样的问题。

难道真的是因为大家只关注《四十九日》这件事情，让我觉得不胜其烦吗？坦白说，这样的话只不过是自欺欺人的借口。归根到底，其实是我自己一直在紧抓着《四十九日》不放罢了。因为这是我最得意的代表作，所以我总是视若珍宝地带着它满世界跑，我拿出来供人品看的也总是这幅《四十九日》。

当大家都觉得"看着怪恶心"的作品，能够得到艺术收藏家们以及电视媒体人"真不错啊，挺有意思"的评价，这一切令我喜不自胜。可是另一方面，这样的赞美、褒奖，却也成了令我裹足不前的包袱。

纽约之行，让我彻底明白了《四十九日》的局限性。我就要迎来二十六岁了，却无法创作出超越二十岁时所创作的作品。我感到无地自容，我感到极其痛苦。

当然了，我依然喜欢我的《四十九日》，我依然爱着它。我对它甚至还抱着一丝感激的情愫。但是，我更加明白，就像白虎一口吃掉扯谎之人，然后令其重生一样，我必须和过去那个柔弱的我诀别，以此获得全新的重生。经过一番深思熟虑，我毅然断毁了《四十九日》的原印版。

诀别《四十九日》之后，我在安昙野集中精力投入创作，全力以赴为在北野美术馆分馆举办的个展做准备。我准备创作一幅巨大的屏风画，作为个展的主画。我住的那间斗室显然空间不够，但是如果在东京租一间画室，预算又不够。正在愁眉不展之际，来自安昙野的建筑家降幡广信先生说，他的弟子们原来居住的宿舍正好空着。那房子十几年没有人住过，破是破了点，然而却当真大得不像话。帮忙搬作品的人看到这个房子，害怕地跟我说："感觉会闹鬼啊。小松小姐，你一个人还真敢住呢。"但对我来说刚刚好。

临创作之时，我还专程去了趟善光寺，向寺里的住持求取了一些非常宝贵的箴言。

善光寺里供奉的主佛是一尊一光三尊[1]的阿弥陀如来，据说从佛教传入日本的时候起，就已经请进寺庙了。由于是秘藏佛像，所以自公元654年以来，无人亲睹其真容。后来，到了镰仓时代，寺里请了一尊前立本尊作为秘佛的替身佛。前立本尊的佛手和正殿内的回向柱用五色彩绳"善纲"连接在一起，人们只要触摸了善纲，就能够与看不见的秘佛结缘。我觉得这种做法，居然与我"表现神明，不一定就要原模原样地把他画出来"的观点不谋而合。

与《四十九日》的诀别和善光寺的秘佛给了我灵感，于是，《秘佛·宇宙》便这样诞生了。在作品中，我把一扇古老残缺的金屏风通体重新涂满金色，再配上一对红色和绿色的眼睛。我把和秘佛连接的那个宇宙，画入了这扇屏风里。

1　为佛教美术用语，指三尊佛像一同雕刻于一个大光背中。

在伊势神宫打开第三眼

实际上，我并不是凭着自己的异想天开而创作出那些神兽形象的。我只是把自己的第三眼和灵魂感受到的神兽们，原样画出来罢了。

我发现了这些自古以来就已经存在的奇珍异宝，并通过绘画的形式将他们介绍给这世间的芸芸众生。大概就是这么回事。从这个意义上说，我并非一个从零开始的创造者，或许把我看作一个只是负责把过去告诉现在，把现在告诉未来的"传话者"，更为恰当。

因此，对我来说，神社便是我时常想要涉足的心灵皈依之地。除了善光寺，小时候母亲常常带着我去参拜长野的众多神社，就是现在，只要一有时间，我仍然习惯到神社去，和狛犬打个招呼。

对日本人来说，就算不如我这般对神社情有独钟，但一提到伊势神宫和出云大社，想必都会心生向往吧。"伊势神宫"只是通称，"神宫"才是它的正式名称。神宫里有多达125间宫殿房舍，内宫供奉着天照大神，外宫则供奉着丰受大神，这些特点早就闻名遐迩。

　　我早就下定决心，有朝一日一定要去好好地参拜一番。幸运的是，天遂人愿，这样的机会终于降临了。这件事情，还得从在个展上看完我的作品后表示"很想收藏"，并果断买下作品的中泽顺子女士说起。在她的手下，一家创办于1912年的百年老店被赋予了现代化风格的新生。她还着手策划了"伊势的和婚仪式（OISESAN WAKON）"，让新嫁娘和新郎官双双前往伊势神宫进行正式参拜。她就是株式会社BORBOLETTA的老板。对于只知道不顾一切地拼命画画的我，顺子女士像一位温柔的母亲一般，给予我宽厚的包容，对我来说就是"伊势的母亲"。

　　2012年12月，多亏了身为伊势神宫氏子[1]的顺子女士，我才能够得以参加正式参拜以及跨年篝火侍奉大会。

　　到达伊势的那天，我并没有直接去神宫，而是去看了眼科。从出生到现在，我第一次得睑腺炎。顺子女士很担心，说："眼睛对画家可太重要了。"于是联系了一家熟人开的眼科诊所，要带我去看。不过我自己倒没觉得什么："医生给我开了药，而且我也戴了眼罩，没什么大问题的。而且，天照大神不就是当年伊奘诺[2]从黄泉之国回来之后，在清洗左眼的时候诞生的吗？正巧我的左眼得了睑腺炎，带着它一起到天照大

1　日本神道教名词。一般指祭祀信奉某一地区氏族祖先神或镇守神（保护神）、地方神的居民，被认为是这些神的子孙、后代。每一氏族神社把管区的居民统称为"氏子"。
2　日本神话中开天辟地的神祇，《日本书纪》作"伊奘诺尊"，《古事记》作"伊邪那岐"。

神降临的内宫去参拜，简直再适合不过啦！"

伊势神宫，神秘幽深。

前往参拜之前我就听说，只要看一眼五十铃川的流水，就能让人感受到氤氲的灵气，但是我却感觉所到之处，栖息在那里的精魂无处不在。

就连只有石头叠在一起的"三石"以及"四至神"这些地方，也都供奉着神祇，张上了结界。对相信世间总共有八百万神明的日本人而言，外形像乌龟的"龟石"更是典型的日式参拜许愿对象。

侧身俯卧的"地藏石"，虽然可以说是神佛调和的残留代表，但是关于它的由来其实一向众说纷纭，有人说它原本被发现的时候就是一块外形酷似地藏神的石头。我从来都觉得神道也好，佛教也罢，不管是什么宗教，一定都有神圣的存在。于我看来它就在那里，再自然不过了。

到达那里的第二天，就是2012年的除夕夜。大家都沐浴净身，身穿洁净白衣，迎接篝火侍奉大典。

用于点燃篝火的薪柴，都是神宫内早先倾倒的树木，以及修剪时候砍下来的残枝断木。晚上七点，篝火准时被点燃。火光摇曳，映照在除夕前来参拜的众人脸上，治愈，温暖。大家轮流守夜，整晚守候在篝火旁边，敬谢一年过往，祈愿世界和平。

黑夜。熊熊烈焰。热四射。烟升腾。

薪柴爆裂。火炎炎。夜无边。

赶来参加新年参拜的信众越来越多，我盯着熊熊燃烧的火焰，只觉得耳边的脚步声正在渐渐地远去，消失在无边的黑夜里。一种神奇的感觉包围着我，似乎整个世界只剩下了我自己，面对着神宫里那些神圣的一草一木、一事一物。

"美羽，你觉得这篝火怎么样？在神宫有没有感觉到什么？"

侍奉结束后的那天深夜，顺子女士在向我敬新年祝酒的时候问道。

"嗯，怎么说呢。感觉到像是红色，又像是紫色，不对，似乎还有绿色，好像一个不断盘旋的旋涡……没错，那一定就是由阴和阳交汇而成的……"

我被奇妙的感觉所包裹，迫不及待地想要把我看见的东西，一股脑全部告诉顺子女士，可是无论我如何穷尽毕生言语，却还是词不达意。"风土"公司的同事们听完我的描述，也是一头雾水，不知所云。

"别着急，美羽，不如这样吧……"

顺子女士"唰"地从包里抽出一张和纸材质的卡片，又取出一支笔。伊势之母果然名不虚传，原来她一直习惯随身携带这种用手工抄制的伊势和纸做成的卡片，以便随时向那些帮助自己的人，送上自己亲手写就的感谢信。

我接过纸笔，就在上面把自己在篝火烈焰中看见的东西画了出来。我一气呵成，然后把画好的卡片交给了顺子女士。

"是眼睛……"

顺子轻声说道。

我在篝火烈焰背面的夜空中看见的，正是一双巨大且熠熠生辉的眼睛。

那年九月，我在屏风绘里画下的眼睛活了过来，它飞到伊势神宫的夜空中，俯视着篝火边的我。它似乎在激励我：快打开你的第三眼，让我们刮目相看呀！

那对巨大的眼睛似乎是在探查我。那一刻，我的灵魂仿佛被那双巨眼看了个透彻，我除了匍匐拜倒，失去了一切能力。或许正是现场给我带来的震撼冲击余波未平，所以才这般令我词穷难言吧。

无论是现在，还是遥远的未来，只怕我的笔下再也离不开眼睛了吧。

出云大社赐予的色彩

在一些大型神社里延续着一个传统，即每隔几年便要将神社里供奉的神体迁移到新建的大殿里，称为"迁宫"。就拿伊势神宫来说，每隔二十年迁宫一次，在建宫以来的一千三百年间从未中断。这种定期的迁宫有个专有名词，叫"式年迁宫"，寓意着神明们通过乔迁新居重新获取强大的神力，并焕发新生。

巧得很，2013年不仅是伊势神宫二十年一度的式年迁宫的年份，正好也是出云大社每六十年到七十年一次的迁宫大典的年份。这种时机巧合实在是史上罕有，很快便成了人们街头巷尾热议的话题。当时的参拜现场真是人山人海，我想很多人应该都知道那一年是这么个罕见的节点吧。

就是在这样一个特殊年份的神在月[1]，能够得到拜访出云大社的机

1　据传每年农历十月，全日本八百万神明都会云集出云，所以这个月份在出云地区被称为"神在月"，而日本其他地区则称其为"神无月"。

会，我想这一定是神明们对我的格外眷顾。

正式参拜神社的那天，以岛根县为中心、以文娱事业为主营业务的LPC集团白神文树会长，全程为我引见并介绍。此前，多亏了白神文树会长在其间穿针引线，才令我得以和出云大社结此佳缘。此外他还介绍我认识了祖祖辈辈都在出云大社担任向导的世家子弟中筋雄三先生。中筋先生亲自将诸般故事为我娓娓道来，令我不仅能够管窥那些高深奥妙的知识，还得以聆听了诸多关于宫中神明的奇闻逸事。

穿过象征积蓄气运和神力的势溜大鸟居，便是一段徐缓的下坡路。一般的神社都是拾级而上，或多或少总要登一段山，然而这里与众不同，走的却是下坡路。这种神奇的感觉，不由令人想起出云大社的神秘力量。位于参拜山道右侧的小神社叫"被社"，里面供奉着被除污秽的神祇。先在这里被除污秽，再前往参拜，真是令人心清神朗。

出云大社三面环山，本殿正对面右侧为龟山，左侧为鹤山，居中巍然矗立在本殿正后方的，便是御神山的八云山。

参拜那日，天上乌云密布。我突然觉得，这情景像极了《古事记》中记载的"八云立出云"[1]中描述的情形。正想着，突然，我看见一束强光穿透层层厚云照射下来。

"啊，太神奇了！"

我忍不住发出一声惊呼。我所看见的那道光，从本殿的位置朝着八云山的方向飞射过去，仿佛要直穿天际。只是，那道光和太阳光有所不

1　原文为"八雲立つ出雲"，"八云"意为重叠厚重的云，"八云立出云"即重叠厚重的云笼罩着出云地区。

同。那道光五彩缤纷，更像是一道彩虹。那道光是如此强烈夺目，它已经包含了这世间所有的色彩。

那道光，似乎汇聚了神社里芸芸众生的祈祷之力，以及大地的磅礴之力。出云大社跨越悠长岁月，自古以来便万众信仰，必定积累了世世代代无数人的虔心祈愿，所以才能汇聚成这道彩虹般五彩缤纷的惊人能量。

我立刻明白了，这是神明显灵，让我有幸一睹这芸芸众生七彩斑斓的祈愿升上天庭的奇异瞬间。

"看来，非得要用颜色才行！"

虽然《秘佛·宇宙》也是一幅彩色作品，但是用色却过于谨慎，根本无法和刚才在我眼前转瞬即逝的那道饱满的色彩相比。的确，我思想上的意识革命缘起于纽约之行，但是真正触发我的绘画风格革命的，却是御荫年[1]的出云大社。

那天，中筋先生曾问我："怎么样，感觉到出云的神妙了吗？"

我答道："感觉到了，太震撼了。我看见了五彩缤纷的颜色！"

中筋先生听了，深以为然地点头应道："小松小姐是位画家吧？既然您已经感受到了与出云的'善缘'，那么何不就此更深切一层去感受出云这片土地，并把它融入您的画中呢？"

后来，出云大社决定接受我的敬奉，要把我将来创作的作品收纳社中。那幅作品，将被挂在出云这片汇聚了八百万神明的神祇之地。这样

1　伊势神宫式年迁宫的第二年。

的作品，我必须倾注灵魂创作！

我在出云大社的摄社[1]——出云井社的附近租了一所房子，开始了我的创作。那所房子原本是祖孙世代的摄社守社人住的，如今已经人去楼空。在东京，我已经从那间只有六张榻榻米大小的公寓，搬到了另一处更大的套房，但是现在租的这所房子是那种老旧的日本住屋，面积大得惊人。而且，房子旁边就是黑黢黢的高山，四周一片死静，晚上一个人睡在床上，就连那么喜欢那些妖魔鬼怪的我，也不免心下发慌。

清晨，我睁开眼睛，发现一位身高50厘米左右的袖珍老婆婆，静静地站在我的床边。一身素服朴实无华，剪了一头齐耳短发。不知道为什么，她还特地在额头上缠了一圈用干枯的稻草扎成的绳子。不愧是出云，随处是神奇。

那时候，我的脑袋里已经浮现了一个模糊的概念，就是想画一幅能够体现前来大社中参拜的众人日夜祈愿所产生的能量，与上天连接呼应的画。但是一开始的三天，我偏偏不下笔作画，而是在当地人的带领下在出云到处走。

有一次，我们到命主社去参拜种在里面的一棵御神木，看见神木身上也缠了一圈用干枯的稻草扎成的绳子，就像那天清晨我看到的那位老婆婆一样。我恍然大悟地说道："原来那位袖珍老婆婆就是您吧！"我不禁扑上去一把抱住了御神木。拜完御神木，我们又去了供奉素盏呜尊

---

1 指位于主神社境内的小神社，用于供奉与主神社有关联的神祇或者当地的神祇。

荒魂的神社，以及大国主命的由来之地。

没事的时候，我一个人也四处走。有从日本各地赶来的八百万神明在龙蛇神的引领下登岸入境的稻佐之浜，还有神明们结束"神议"商谈后，最后前往的万九千社，等等。

这些神明在结束工作后也像我们一样喝酒取乐、聚会宴饮，我一边切身感受着他们身上满满的人间烟火气，一边脑海里浮现出各种各样的情景。尽管如此，我仍然没有仓促下笔，而是把所思所感全部先用语言记录下来。我去了趟古代出云历史博物馆，在那里买了通俗易懂的《风土记》和《古事记》并读了起来。我并不急着在脑海中勾勒出一个固定的印象，我想好好地享受这份对出云慢尝细品的感受。

就这样，我一个人在出云待了一个月左右。住处的院子里，常常有小鹿到访，留下一堆便便作为大礼，然后扬长而去。御神木化身的老婆婆虽然只现身过一次，但是那些曾经弄得大国主命也头疼不已的蜈蚣却时常前来造访。

每天清晨，我从出云井社参拜回来后，便开始创作。我诚心作画，就像在进行一场庄严的祭神仪式。

最终，作品完成了，那就是《新・风土记》。我描绘的，正是那道从本殿的位置朝着八云山的方向直射天际的彩虹色亮光，正是那些从苍茫大地升腾而上的祈愿之力量。

到底要通过什么来表现彩虹的颜色？思来想去，最后我在画面中央最耀眼的眼睛部分镶嵌了一枚钻石。这枚钻石采用了一种叫作"星语心愿（Wish upon a star）"的特殊切割法，在钻石里能够看见两颗星星浮现其中。两颗星星寓意着地球与宇宙的相依相生，对星星祈愿就是对神明祈愿。

也许有人会觉得"所谓的神明，都不过是遥远的古代杜撰的传说罢了"，然而不可否认的是，灵魂的祈愿自古至今一脉相承，从今往后也将永远延续下去。神明们自然不用像渺小的人类一般庸庸碌碌地为生计而操心、奔波，他们超越时空，并发挥着自己独特的作用。所以，神话，其实是连接未来的未来式传说。

《新·风土记》原本是为了向出云大社敬奉而专门创作的，然而，实际上它又何尝不是出云大社赐予我的作品呢？敬奉那天，耳边传来声声祝词，我衷心祈愿我的作品能成为连接"过去"和"未来"的"当下"的媒介。

"相遇"带来的无限可能

纽约之行让我明白了自己的狭隘,引发了我的意识革命。

伊势之行让我邂逅了那双眼睛,激起了我的选题革命。

出云之行让我遇见了那片色彩,开启了我的绘画革命。

每一次革命,都离不开相遇和缘起。

我自幼就能感觉到出现在自己身边的那些神兽以及守护兽。或许正因如此,我过去对周围人的关心是淡薄的。

说好听点,那叫特立独行,说难听点,那叫自我封闭。所幸,后来我遇见了高桥先生,通过"风土"遇见了那么多的匠人,还遇见了艺术藏家和画廊主,遇见了各种各样的人……这些遇见,最终改变了我。

有一次,我受邀参加在福冈县大濠公园能乐堂举办的"空海剧场2013"演出,进行现场创作和演讲,其间有幸遇见了主办方的中尾贤一郎先生,从他那里听到了关于空海圣僧的许多事迹。随后,我参拜了空海圣僧一手创立的东长寺,拜读了保存在寺内的《弘法大师笔千字文》。也就是那次相遇，令我感悟到"空海圣僧的书籍是精魂的家园"。

更幸运的是，中尾贤一郎先生还介绍我认识了园林设计师石原和幸先生。而这次相遇，则为我那对摇尾狛犬——《天地的守护兽》走向大英博物馆的妮可女士提供了契机。

我一直在想，孩提时代遇见的山犬先生，应该就是坂城神社里那只"坂城神社狛犬"的化身。神社里那只一身稀稀落落的卷毛的狛犬，是町里认定的物质文化遗产，据说是天和二年，由统治这一片区域的坂木藩坂仓氏的一位家臣所赠。

"就像日本武尊也曾经为狼所救一样，在日本，狼一直都是神圣的存在，这种神兽文化古来有之。狛犬原本就扮演着引路者的角色，一直以来都在默默地守护着我们，不是吗？我自己更是从小时候开始，便在山犬先生的守护和引导下一路走来，我能感受到狛犬就在我的身边。"

借着作品的话题，我越聊越远，热心地向石原先生大谈起我的"狛犬经"来。

我讲了有关"狛犬"这个名词的由来。

我谈到自己每次到国外旅行，必定会到古董店逛逛，如果看到和狛犬原型相近的神兽，就会跟老板杀个价然后买回家摆起来。

我谈到《圣经·旧约》中记载着"守护着亚当和夏娃离开后的伊甸园"的守护兽基路伯，说不定就是狛犬的原型。

我还谈到从守护兽基路伯一路演化出埃及的斯芬克斯，在欧洲流传的格里芬，苏美尔神话中的伊南娜，日本的狛犬因此诞生，等等。

　　"或许基路伯就是这样，跨越国土疆界和时间长河，以不同的名称和不同的形象，逐渐在世界各地广为流传的。基路伯最初的形象便是长着人、狮子、公牛和鹫鸟这四张面孔和两对翅膀，很有可能流传到不同的地方后，便结合当地的土著信仰，相应地化成了狮子或者犬类的形象。不是有一种说法吗？日本的'狛犬'这一称呼，是从高句丽犬发音的讹音演变来的。而且，我发现印度的神兽文化和中国的狮子文化也有相互融合、互相影响的地方。再者，虽然只不过是我自己的大胆猜测，但我觉得冲绳的狮像（日语作シーサー）似乎和泰国也有千丝万缕的联系呢：在泰国，狮子或者狮子形象的守护兽被称为シンハー，是不是发音神似呢……这样看来，那些因为宗教不同而产生的冲突对立，以及改宗易帜的行为，是多么愚蠢可笑。因为，归根到底万教同宗啊。"

　　话匣子一打开，我就有点收不住。没想到，石原先生听了我的长篇大论后，对我说："其实，我也很喜欢狛犬。"接下来，以高桥先生为首的"风土"众人也纷纷热心地帮着出主意，最后的结论是，说不定我和石原先生可以一起做点什么。

　　石原先生的作品是庭园，正好那时候他正在着手参加英国的一个庭园设计大赛"切尔西花展"。所以，我们自然想到，是否可以在参赛作品方面来一次跨界合作。

　　既然是参展，则必然要接受众人的观赏检阅，光靠打造一座美丽的庭园，恐怕不足以吸引人心。所谓庭园，也可以说是众多植物在其中赖以生存的生命圣域。所以，这庭园中怎么少得了像狛犬这种守护圣域的守护兽呢？

关于狛犬的画作，我已经画过好几幅了，这次我原本打算继续画狛犬。石原先生是长崎人，说起佐贺的有田烧来可谓如数家珍。正因为有这么一层因缘在里面，我们产生了一个新的计划，那就是：把小松美羽画的狛犬烧成瓷器，放进石原先生的庭园作品中当守护兽。

如果我一直独自一人画着自己的画，或许至今我的眼界仍然还停留在铜版画的桎梏之中，就算能够从铜版画转移到彩色绘画上，也不可能想到用瓷器来打造自己的作品吧。

与他人的相遇，与他人的善缘，拓展了我创作上的无限可能，这种广度，是我以前根本难以想象的。然后，我会尽最大努力去实现这种可能，以此报答一路走来各方对我的厚爱深恩。

缘起“现场”的信赖

“这，这怎么能做得出来！”

我知道，对我提出的要在短时间内烧制出狛犬的要求，有田烧的匠人们一开始觉得这简直是天方夜谭。

我为“切尔西花展”专门创作的一对狛犬，是一张平面的设计图。要把图纸变成瓷器，首先得请被称为“型师”的匠人帮忙打模。

型师也叫“原型师”，他们用石膏制作陶瓷器的胚胎。他们是此中的行家里手，负责先期把设计图稿变成立体的模型，并以此判断产品是否能够达到量产的要求。我的狛犬虽然不需要考虑量产的问题，但同样需要找型师帮我把设计图稿变成立体的模型。

在日本，绝大部分瓷窑一般都只生产普通的碟碗匙壶。就算是有田烧杰出的型师，平日里也不可能去做像美术品这种复杂的东西。

更何况，时间不等人啊。

“因为要赶花展，所以我希望在三个月内完成作品。但是，还要算上'烧制'的时间，所以，打模的时间只有短短的两个月。"

说实话，就连我这个外行看来，这也是给对方出了一道无理的难题。

然而，他们夜以继日火速赶工，居然按时完成了打模。那天，我为了确认模型，特意当日往返佐贺和东京，本想亲自向型师衷心道谢，遗憾的是，并没能遇见型师的大师傅。

"这么烦琐的东西，而且难度这么大，只给我两个月时间，简直是为难我嘛。我怕见到她会忍不住骂人，所以还是不见的好。"

型师的大师傅虽然没有见我，倒是让他的儿子代为转达了上面的一番话。

我要做的是在瓷器上彩绘，所以，并不是打好模就万事大吉了。

制作瓷器是非常耗时的。除了型师，还需要许多其他匠人齐心协力配合。

瓷窑的匠人们，根据型师的模型，开始制作瓷器。首先把陶石打碎，研磨成粉，混水成型后，再慢慢风干，之后放入窑中烧成素陶，然后涂上釉料烧制。这之后，才可以开始在上面彩绘。

这当然是一种比较罕见的做法。一般陶瓷往往在烧成素陶后便开始彩绘，最后再进行烧制。虽是后话，不过大英博物馆的妮可女士后来评价说"这对狛犬的制作手法也非常有意思"。总的来说，不管采用何种手法，瓷器的制作都像铜版画一样，需要经过非常繁复的工序。然而，与铜版画不同的是，这些工序无法一个人完成，需要团队协作的力量。虽然我还不是非常确定，但我能感觉到，日本传统力量的融合是对作品成功的有力加持。

"虽然您特意赶来一趟，不过，现在还是没办法彩绘啊。这彩绘应该也要花上好几天吧？而且，这东京、佐贺之间来回奔波，也很够呛，所以建议您不如买个电窑如何？到时候，只要我们这边把颜料给您送过去，您就可以在东京进行彩绘啦。"

窑场的匠人们，也很替我担心时间的问题。

的确，我非常忙。随着活动范围的扩大，关注我的人也越来越多，在上田市立美术馆举办的个展，参观人数达到一万人次。要举办个展，没有作品可不行，再加上国内外藏家"索画"的邀约纷至沓来，我有点分身乏术。在一直对我关照有加的彩凤堂画廊里举办的个展"绘本 从来不曾有人教过我！"上，展出的作品卖得一幅不剩，连我自己都觉得简直太离谱了。

然而，比这更离谱的事情，则莫过于将那对狛犬放在东京彩绘，然后直接用电窑烧制。

就像那幅敬奉给出云大社的《新·风土记》，是我在出云住了整整一个月所完成的作品。我在创作之时，希望花时间感受与作品有关的人、风土以及文化，凡此种种。我不是为了画画而画画。我努力将感受到的祈愿之力，通过作品表现出来，这就是我的使命。

当河口湖缪斯馆邀请我举办个展时，我第一时间动身来到了河口湖，和町公所的人们谈天说地。我听到了当地流传的河童传说，还从富士山湖畔酒店的年轻老板娘井出薰子小姐口中，听到了古老的河口湖民间故事。做足这些准备后，我才能画出笔下的作品。

这是我与生俱来的习惯，想了解些什么，就必定会亲自前往那个地方。比如，有时候我会想伊斯兰信众们祈祷的力量何其伟大，为了切身感受一番，我便和妹妹一起飞到土耳其。在东西文化交汇融合的土耳其，我深切感受到宗教和文化相互融合的厚重历史。我们甚至还前往阿布扎比和迪拜，亲身参与祈祷礼拜、禁食斋戒，切身感受如今在这片土地上劳作、游玩的人们的日常生活。如此一来，我感到自己对过去只从书本上了解的伊斯兰文化，有了进一步的认识。最重要的是，我开始真心尊重他们的文化和祈祷，因为它们是这片土地上的人们最珍视的东西。

我知道不管是大国主命、河童传说，还是伊斯兰教，只要珍视对方所珍视的时刻，和当地的他们保持同频共振，就一定能促成我创作出像祈祷一样虔诚的作品，把那方看不见的世界呈现在大家的面前。

所以，如果不是在有田烧制，就称不上真正的有田烧，而且也失去了那种期待作品出窑的紧张感。在窑场师傅们拼命努力工作的氛围中绘制出来的狛犬，和在东京绘制出来的狛犬，不可同日而语。

"谢谢大家的好意。不过，我还是会赶过来。"

那天，我谢过匠人们劝我"不如买个电窑"的好意，便先行离开了。

在接下来的日子里，我三天两头赶往佐贺，给作品上彩绘。一来二去，我和窑场的师傅们也渐渐地成了好朋友。

慢慢打开心扉后，有一天，型师大师傅的儿子对我提起了一件事情。

"其实，我父亲心里还是很高兴的。我的父亲虽然掌握了制作小松小姐的狛犬这样复杂艺术品的技艺，但是在平常那些工作中根本没有用武之地。这次正好可以有机会让他大展身手，他能不开心嘛。"

当时我正在彩绘，听到这番话，我再也忍不住了。

"我还是很想见一见您父亲。请给我一个机会，我想当面向他道谢。"

听完大师傅儿子的一番话，我立刻拜托帮忙协商此项工作的有田烧窑户师傅穿针引线，到点心店里买了蛋糕，然后便不请自来地上门拜访大师傅去了。到了府上，我"卡啦啦"推开拉门，然后自报姓名说："我是小松！之前向您提出无理要求，实在抱歉。一定惹您不高兴了吧？"

正在家里看电视消遣的大师傅，被我这不速之客吓了一跳。我也有点手足无措，所以干脆把手上的盒子往前一推，说："这是给您买的蛋糕。"

那段时间，为了彩绘之事，我常常往返于东京和佐贺。功夫不负有心人，最后《天地的守护兽》终于大功告成。后续故事，在前面已经介绍过了，根本超乎我的想象。《江户的庭园》在"切尔西花展"上斩获金奖，而《天地的守护兽》也被大英博物馆永久收藏。

那对守护兽，不仅是狛犬先生的化身，更是凝聚了以大师傅为首的有田匠人们的祈愿心力。

作品被大英博物馆收藏后，各种邀约纷至沓来，"我们想一睹狛犬的风采"，"请务必前来办一次狛犬专展"，等等。所以，"切尔西花展"后，我也继续在有田制作狛犬系列作品。由于彩绘的需要，我时常在窑场出现，所以一些原本并无交流的匠人师傅，也开始纷纷开口向我打起了招呼。

"您的作品被大英博物馆永久收藏后，我们有田制窑也感到与有荣焉。我们数十年如一日重复着同样一件工作，现在终于和世界连接在了一起。如此我也能向孙子自夸了。虽然面临着量产的重任，但是有田烧的未来才刚刚开始。"

听了那位八十岁高龄的老师傅高兴的话语，我也流下了激动的泪水。大师傅有一天也亲口对我说道："接受了你这么有难度的一次挑战，我很高兴。"果然，信赖缘起于现场。

2016年，我拜访了在有田系列里拥有悠久历史传统的柿右卫门窑场，并很荣幸受邀在他们祖孙世代传承的狮子造型上施加彩绘，采用的同样是他们世代相传的传统赤绘。

在大和力的推动下，我与至今仍然大放异彩的有田烧的这次相遇，是一次与"本真素材"的相遇。

"封印神兽"的电影《花战》

那是2015年12月的一天，我正准备乘飞机前往斯里兰卡。

当时，在斯里兰卡有一场女子拳击世界冠军卫冕战，我的作品《为和平而战》（*Battle For Peace*）将被赠送给斯里兰卡总统西里塞纳。

"这次来了一份邀约，你看看，觉得怎么样？"在飞机上，经纪人说完，递给我一个电影剧本。我读了起来，原来是一部名为《花战》的电影。

"啊，还是野村万斋先生主演呢！"

野村先生是一位我非常敬重的艺术大师。他的厉害之处在于，能够把狂言这一日本的传统艺能，通过现代人——包括外国人在内——都能理解的方式呈现出来，对此我万分敬仰。

故事的背景是日本战国时代，野村先生饰演一位叫作池坊专好的"花僧"。故事讲述池坊专好因为天才般的插花才能而受到织田信长的赏识，最终利用花的力量勇敢地与丰臣秀吉周旋。

我的任务是，为剧中的场景绘制布景画。具体而言，就是由森川葵饰演的一位天才少女画家阿莲在剧中画的莲花，将由我代笔绘制，并在电影中出镜。

在飞机上读着剧本，我心里当场就决定我想做！下飞机到了斯里兰卡，我一个人越想越兴奋，恨不得马上就做！

我一直以来都是用小松美羽这个身份作画的，这次虽说没有参与演出，但我仍会化身为剧中"角色"阿莲进行绘画。对认为绘画是自己的"使命"的我来说，应该会是个有趣的体验。

虽然对方表示我可以在东京完成后寄到片场，但我还是想到现场去亲身感受一番，于是我拜托对方同意让我到京都作画。

他们在太秦[1]的预制装配式的摄影棚里腾出了一个角落，我就在那里开始了工作。楼上是筱原哲雄导演和其他工作人员的工作场所，走到门外就是场景的街道，隔壁则是厕所。有时候，会有头上绑着月代头[2]、手里却拿着智能手机的人从身旁走过，令人恍如穿梭时空，这些都是只有在太秦的摄影棚里才能看到的情景，倒也有趣。

作品开画不久，阿莲的饰演者森川葵小姐就一个人突然来找我了。当时还是开拍前，她却穿着一身和服。我心下奇怪，问她为什么这么穿。她说："我想，现在小松小姐是化身为阿莲在作画呢，所以我也把

1　指位于京都的电影主题公园东映太秦映画村，堪称日本的横店影视城，是日本古装电影和电视剧的重要取景地。
2　江户时期的发髻。

自己当成阿莲，穿了件和服来。"

我一边和毫无架子的森川小姐吃饭，一边像个大妈一样不禁担心地问她："经纪人没有一起来吗？这样不会太危险吗？"渐渐地，我开始融入了阿莲的时代，感受到阿莲这位被丢弃在河岸边，却坚忍不拔地穿越生死逆境的天才画家。据说，剧本家森下佳子女士就是根据森川小姐的感觉，来量身打造阿莲这个形象的。所以，能和森川小姐见面详谈，似乎更能让我在近距离地体会阿莲这一剧中人物的情感中完成创作。

唯一让我感到有些困惑的，便是从一开始便确定了"莲花"作为画作的内容。

虽然以往很多作品都是先收到邀约后，再开始着手创作，但那些一般都是为了举办个展，或者为了某场活动，所以主题和表现形式均可由我来自由决定。

鉴于我的特殊画风，基本不会有人要求我"帮忙画一幅人物画像"，所以我可以尽情地画我喜欢的神兽或者守护兽。反过来说，就是我基本上没有画过像样的人物、山水以及花鸟这些一眼就能认出来的具体事物。

接受委托那天，导演曾对我说："虽然要你画的是一幅莲花，但是我希望这是一朵能够让观众从中感悟到佛性的莲花。"

"小松小姐，还有一件事拜托你，那就是千万不要在推拉门上画神兽。无论如何，只要画莲花就可以了。"

制片人小泷祥平先生也对我反复叮咛。对我而言，这是第一次遇上

"神兽封印"的情况。

或许是我那心痒难耐的样子全都写在了脸上，所以，他们在那扇需要画上莲花的道具推拉门边上，专程为我准备了一扇备用推拉门，说是这扇推拉门在电影里用不上，如果我实在压抑不住画神兽的冲动，可以画在这扇上面。

我从来都认为比起看得见的世界，那片看不见的世界更加珍贵，所以这次的工作对我而言是一次全新的挑战，但我乐在其中。我一边琢磨着导演、编剧、演员以及制作人员的心绪、情感，一边先着手画下具体的事物形象，然后在此基础上把不在画中出现的佛性表现出来。这一点，和我往常"通过神兽，达到不画神却能够表现神"的创作手法，还是颇具相似之处的。于是，我把莲花拟化为神兽进行表现，并从中又体会到"原来神兽还可以有这种画法"。

我竭尽全力，把莲花画成莲花的样子。不过，那些像海市蜃楼一般自然浮现在我脑海中的东西，我当然是一股脑地画在为我冲动外溢时准备的那扇推拉门上了。

画风这东西，其实是在进化的过程中不断变化的。现在我画的是神兽，将来我还将继续画我的神兽，但是我总感觉，这次在"神兽封印"状态下的具象创作经历，将会在今后某个时期，为我的画风转变产生积极的影响。

超越地球的"二十一区"

2016年，为了纪念位于"东京花园露台纪尾井町"的"纪尾井会议中心"开业，我受邀在此举办了一场现场创作。

后来，在坂城町的画室里最终精修完稿的那幅现场创作的作品，被"纪尾井会议中心"收藏。同时，他们还提到说，希望我能够在那里举办一次个展，以纪念"东京花园露台纪尾井町"开业一周年。

刚开始我还没有什么特别明确的概念，只是暂时商定打算把过去的一些作品也纳进来一道布展。后来觉得，既然专门办一场个展，如此敷衍未免暴殄天物。

有一天，我在银座的咖啡厅一边喝咖啡，一边考虑能不能想个好法子时，突然想到某一次和冈野先生的闲谈。

"你知道正二十面体吗？在三维空间里，它是面数最多的正多面体。假设有一种高智慧生命能够俯瞰地球，我觉得他们一定会把地球分成正二十面体来观察。因为这样分不仅最高效，而且也最具有美感。不过，我估计他们自己应该会找到第二十一个面，然后停靠在那里吧。在小松的心里，有没有想象过超越三维空间界限的第二十一面的样子？"

冈野先生想象力丰富，总是能够提出各种出人意料的奇思妙想。

我这个数学盲也曾经听人说过一些类似的话，比如西洋魔术中星形的神秘标记，实际上是将一种叫作"毕达哥拉斯的五芒星"的正五角形的对角线相互连接而得到的图形啦；即使在表面上看不见数字的世界里，也肯定离不开数字；等等。

"那一定是在二十面体的另一边吧？肯定不是在这个宇宙中吧？或者，该不会是在那个非物理性的世界中吧？"

我能说出这些答案，其实是受到了上次前往泰国修行的影响。

虽然我一直在描绘那个看不见的世界和神兽们，但对相关知识却一无所知。因此，我只能自己找书来看，每个月去既是犹太思想研究专家，同时也是希伯来文学博士的手岛佑郎先生创办的私塾里听课。总之，用我自己的方法坚持学习。在日本犹太教首席拉比[1]宾约明·Y.埃德里（Binyomin Y.Edery）先生的祈祷与读书中心（Chabad House）里，手岛先生亲自为我传道解惑。

此外，我还利用前往土耳其旅行以及工作的机会，在迪拜切身接触伊斯兰教，一个人前往印度游历，等等。没想到了解得越多，我学习各种宗教思想的愿望就越强烈。于是，我通过一位业内人士的介绍，前往

---

1 犹太教中的导师。

泰国向圣者学习冥想。

泰国是佛教之国，这里的人们前往圣者座前"布施"已经成了一种日常习惯。

布施，是为了"积德"，其中向僧侣敬献食物就是布施的方式之一。此外，救济贫穷者，或者供奉先祖，这些都可以被视为"布施"。

我被安排到一个由数名前来修行的人组成的团队里，来到一处深山洞穴，在那里支起了一顶帐篷，就这样开始了修行生涯。作为导师的泰国圣者也有好几位，其中有一位圣者叫施瓦密，是日本人，他事先为我们开了一场学习会，专门介绍佛教。他国遇见故国人，也算一种缘分，在他的帮助下，我开启了在泰国的修行之路。多亏了施瓦密先生，对泰语一窍不通的我，得以学习曼特罗祷文、冥想的方法以及佛陀的教义等。

这里无酒无肉，饭桌上只有蔬菜。随着对修行生活渐渐适应，圣者们带我们到一处钟乳石洞参观，那里是一处神圣的场所，由泰国佛教徒们守护。进去以后，耳边响起圣者们唱起的曼特罗祷文，昏暗的洞穴里烛光摇曳，据说在这里可以打开我们的第三眼。

在那里，发生了很多意想不到的奇迹。在那里，感觉看到有一扇通往另一个世界的大门开启。比如，随着砰的一声响，眼前飞出像宝石又像龙珠一样神奇的石头；住在洞窟里的妖精或者什么生灵贴上来"嘭、嘭、嘭"地捶着我的背；等等。

我对圣者说："我正在描绘精魂的世界。"对方回答道："我看到你就知道了。"接着，他又提点我道："放手画下来吧。先冥想，背诵曼特罗祷文，放松你的第三眼，然后把你在这洞窟中看到的东西，原封不动画下来就可以了。你在这里所看见的事物，并不是只有你自己一个人可以看见，也不是只有我们这些人可以看见。实际上，无论谁都能看见，所以，请放心地把他们画下来。"

这些事物，虽然实际上无论谁都能看见，但是大家往往并未意识到自己能够看见。我似乎有些明白了，圣者是在教导我：把他们画下来，这是我肩负的使命。

既然在三维空间中，正多面体最多只能有二十个面，那么第"二十一"个面，就是一个虽然确实存在，但无人意识到的世界。而我，则正是生活在二十一世纪。

根据在泰国收获的教诲和与冈野先生的一番谈话，我决定把"纪尾井会议中心"举办的个展中心主题定为"二十一"。

那时候，距离开展日只有两个月的时间，会场的设计图也已经出炉。就在这时，我决定创作出全新的作品来布置名为"二十一区"的空间。

"什么？要重新设计成一处能容纳二十一幅作品的空间！这，这怎么弄……"

我一再恳求大吃一惊的会场设计师，最后好歹说服了他为我重新设计了一番。

而我自己这边，也是火烧眉毛，必须画出二十一幅全新的作品。

既然二十一区是一处非物理性的世界，那么它可以是0，也可以是

1。它存在无数种可能的解释，也就是说在这个主题下，想要画什么都是自由的。最后，我决定继续描绘从出云大社回来后就一直未曾中断的"阴"和"阳"。

接下来，我在二十一幅作品中，画了各种各样的眼睛。它们形状各异，颜色各异，有我在伊势见到的眼睛，有第三眼，甚至还有在泰国目睹并参悟的神圣物……

但是，实际上，我最终画出来的作品却是二十幅。我想通过这二十种神兽，从自己背部去感受看展观众身上的能量；我想通过打开第三眼，将大家的祈愿与非物理性的那个世界——"二十一区"连接在一起。第二十一幅作品，我便打算带着上述目的，来进行一场现场创作。

在开幕典礼上人山人海的观众的注视下，我通过现场创作，完成了第二十一幅作品。

自从在空海剧场进行首次现场创作开始，我便决定把它当作一种神圣的奉神仪式。但是，在作画前先冥想并心中默念曼特罗祷文，还是从这次才开始的。在赴泰国的修行之旅中所掌握的与神明圣物的神交之道，不仅融进了我的画作之中，而且还自然而然地浸润了我用以表现作品思想的肉体。

或许是因为"二十一"的强大力量，在历时九天的个展期间，累计观展人数超过了三万人次，而且《AbemaTV》《原点新闻（NEWS ZERO）》，以及《大家的新闻》等媒体纷纷予以报道。据说，有线电台新闻对一场当代艺术个展进行报道，还是非常少见的。

"从宏观和微观的角度而论，站在宇宙的视角看地球的二十一区，乍看之下是一种宏观的视角；但是，小松美羽却以一种超细微的角度将其呈现在大家的眼前。而且，在一神教占据主流的世界中，她又通过把神兽作为精魂的分身之神，来阐释人间有八百万神明的多神教观点。她的努力引发我们思考：作为一名地球人，自己的精神探索方向到底该走向何方？"

这是国外一位权威策展人对我的一段评论。

我在现场作画，理所当然般地创作出100号到300号的大尺寸画幅。不知不觉，除了画笔外，我便开始手指、手掌并用，甚至有时候整个身体都在作画。我甚至可以创作出5米宽的画。

从纽约的"高强度艺术集训"回来后，七年时间过去了，蓦然回首，我发现自己已然不同。我知道，这样的变化，依然还会持续下去。

在本章开头我就提到，有时候当你踏上一个台阶，未必自然而然地就能立即迈上另一个台阶。

不过，对此，我有更深一层的体会。

不管你能不能看见下一个台阶，如果你故步自封，则永远也别想迈出下一步。

如果，现在的你正在自己的台阶上奋勇攀登，那么，我希望你能够持续向上、永不止步。

因为，流传日本并通联万物的大和之力，你身上也必定拥有。

更因为，这个世界，同样需要你身上所拥有的这份大和之力。

5

面向未来的艺术

《遗迹的守卫者》和自己的使命

"三年一周期"的画家人生

　　小学念完上初中，如果升学顺利，接下来就读高中，然后读大学。其花费的时间，分别是六年、三年、三年、两年（或者四年）。大多数人对这几个不同的阶段都有清晰的概念，但是长大成人后，情况又如何呢?

　　不知不觉中一年就过去，每年也只有在除夕或者正月，才能感觉又来到了今年和明年的分水岭。不管是今年、明年还是后年，生活总是日复一日、年复一年，没有什么区别。这种感觉，很多人应该都有吧。

　　自从为阿久悠的致敬专辑画完封面，并从此开启了我的画家生涯之后，我开始意识到自己三年一个周期的发展规律。

　　第一年：觉醒。

　　第二年：进化。

　　第三年：达成。

　　通过这样的进阶三部曲，我进行各种各样的尝试，并让自己的灵魂随我一同茁壮成长。

在觉醒的第一年，就像字面上所理解的一样，我开始苏醒。我释放灵魂，睁开双眼，向着三年后的目标迈进。我制定计划，并付诸行动。

到了第二年，状态提升，我开始付诸各种具体的努力，做各种各样的事情。

第三年是达成之年，必须扎扎实实把三年来的努力化成一部集大成之作。要实现这一步，前面两年的觉醒和进化就显得至关重要。目标达成之后，一切又将重新开始。我的能量再度提升，然后在下一年又开始一轮全新的觉醒。

意识到自己的这种三年周期规律，不仅能够促进自我的成长，而且能够防止自己蹉跎岁月，以期不辱使命。所谓的三年之期，并非严格地以一月一日作为起始分界线，但不知为什么，我总觉得"秋天便是那交替之期"。

我开始意识到自己的三年周期规律，是在2010年。如果把那一年看作觉醒之年，则2011年便是进化之年。

2011年3月11日，发生了东日本大地震。灾难发生后，我想接下来一段时间估计得节约用电了。我一边通过电视以及互联网了解受灾地区的灾后恢复，诚心为他们祈祷，一边画画。

那一年，我在媒体露面的次数突然多了起来，还因为录制NHK BS旅游类节目《旅游的力量》去了一趟乌干达。前往纽约参加"高强度艺术集训"也是在那一年，而且那次行程促成了我的意识革命。所以，那一年应该还称得上是进化之年。

2012年，我在坂城町举办了首次个展，接下来还在善光寺参道的北野美术馆分馆举办了一场。最后，采用色彩绘制的屏风画《秘佛·宇宙》，可以算是那一轮三年周期的达成之作。如今想来，正是因为有达成，我才能有勇气毅然决然地和我一直待其如子的《四十九日》原印版一刀两断。还有，我在伊势神宫受到启发，被赐予以"眼睛"为主题的创意，也是一次巨大的达成。

2013年，是全新的觉醒。那一年，我决定开始从铜版画创作转向描绘色彩丰富、独一无二的作品。

2014年的进化，则非出云大社赐予的色彩莫属了。这个进化促成了2015年《天地的守护兽》被大英博物馆收藏。那一年，《遗迹的守卫者》在香港佳士得拍出，也是我的作品得到世界认可所迈出的第一步。

2016年，是又一轮全新的觉醒。那一年，我参加了在纽约的瀑布画廊（WATERFALL GALLERY）举办的"可持续的生活（A SUSTAINING LIFE）"群展，之后我开始意识到，要努力画出向全世界的人传递讯息的画作。我在纽约的日本会馆举办了一场现场创作，所创作的作品被挂在了世界贸易中心四号楼。旧的世贸中心，在2001年的"9·11"事件中被撞毁。我越发深刻地感受到，如果我笔下的神兽能够祈愿和平，则当今之世比任何时候都更需要他们发挥作用。

时间走到了2017年，首先是春天，我在纪尾井町举办了个展"神兽~二十一区~"。秋天，10月，我参加了在台北举办的艺术博览会，12月则在"白石画廊·台北"举办了一场个展，展会盛况前面已经介绍过，最终观展总人数超过三万人。反响还远不止于此：在台湾雅虎的搜索栏里，只要输入"小松"两个字，系统立刻会自动提示"小松美羽"，当地仿佛掀起了一股和日本、美国完全不同的关注热潮。我的舞台从日本扩展到亚洲，这分明是一次巨大的进化。

然后，时间来到了本书出版的2018年。1月在北京举办的艺术盛典"2017 TIAN GALA华生·天辰之夜"上，我荣获"2017年度新锐艺术家（Young Artist of the Year 2017）"奖，这也是达成的成果之一。我很期待自己在接下来的时间里，还能达成更多的成果，而我也将不骄不躁，争取百尺竿头，更进一步。

从2019年开始，我又将迎来三年周期的开局之年。这么算来，这一轮周期的进化之年正好遇上东京奥运会，我预感，届时一定会有新发现、新惊喜。

觉醒、进化、达成。

踩着这份节奏，我更加懂得珍视周期里的每一年，更加懂得过好生命里的每一天。

南印度孕育而生的《遗迹的守卫者》

　　虽然我从小就已经能够感知到那些看不见的事物，但是在泰国修行中，那些开启另一个世界大门的现象、那些精魂、那些神兽如此清晰地呈现在我的眼前，还是令我大开眼界。一个是平面的感觉，一个是立体的形象，其中的差别自然不可同日而语。也正因如此，我才能够在有田烧匠人的大力帮助下，将狛犬进行立体化的呈现。

　　就连这样一个我，也能如此清晰地看见精魂，那么那些一心修行、潜心悟道的圣者，必定能看见更多的精魂。

　　那时候，当我告诉泰国的圣者我是画家的时候，对方向我说了这样一番话："你不说我也知道你是画家。你笔下所画的是我们亲眼所见的世界的精魂，所以，请信心百倍地坚持画下去。"

　　我说，既然这样，我想闯进艺术世界的第一线。我想挑战纽约的艺术界。因为，那次"高强度艺术集训"的经历给我留下了强烈的印象，当时给我带来的冲击实在是太大了。

出乎意料的是，这次圣者却对我说：“走出日本，也会有广阔的天地。或许纽约的确是不二的艺术重镇，但我觉得还是先把目光投向亚洲为好。比如，中国大陆、台湾、香港等地，应该也是不错的选择吧。”

泰国的圣者似乎有先见之明。只是，那时候我压根就没有考虑到大中华地区，所以圣者的那番话顿时令我有些困惑，“啊”了一声就过了。

《天地的守护兽》确定被大英博物馆永久收藏后，马上，香港佳士得的经理便打来了电话。

“小松小姐，要不要考虑把作品拿到香港佳士得来拍卖？”

香港自1842年起的155年间受英国的殖民统治，是一座欧亚交汇融合的国际大都市。我感到，自己就像踩着日本庭园的踏脚石一样，一步一步迈向下一个舞台。

“泰国的圣者果然了不起！真的是香港！”

这次，就连见怪不怪的我，也不得不服了。

在讨论拿什么作品出来拍卖的时候，对方建议我若是《天地的守护兽》那样的雕塑作品，会被当成瓷器家来看待。我是一位画家，所以最后我还是决定拿出用一向喜欢使用的丽唯特画的亚克力画。

2015年，我就像一个空中飞人一样，在世界各地飞来飞去。就在着手准备佳士得拍卖作品之前，我还前往南印度进行了一次旅行。

“我强烈建议小松小姐一定要去看一次亨比古迹群。因为，那里有八百万神明的原点。"

我听从了在出云大社结缘的岛根大学原校长小林祥泰先生的建议，决定踏上南印度的旅程。号称印度通，原本计划同行的好友突发疾病未能成行，最后变成了我的独自旅行。

来到亨比，的确可以在遗迹的浮雕里，看见为数众多的神奇神兽和守护兽。有据说是《西游记》里的孙悟空的原型的猴神哈奴曼，有印度神鸟迦楼罗，有象、牛合体的神兽，等等。此外，还有许多见所未见、闻所未闻的神物。

印度寺庙的装饰中有很多神兽以及神明的形象，他们给我的感觉，就是日本神社或寺庙中的神兽的来源。

到了印度以后，我还遇到了许多小意外。由于酒店失误，预约被取消；为了借用厕所走进街边的咖啡店，禁不住店员笑容满面的热情招呼，只好坐在苍蝇满天飞的座位上，一边担心会不会吃坏肚子，一边胆战心惊地把咖啡喝下去。虽然有些小意外，但还是觉得不虚此行。虽然好友的缺席令我有些不安，但或许印度要传达给我的讯息就是："你一个人来吧！"

我参观完遗迹后在冥想，回到酒店后在冥想。我一边用心感受那里的一草一木、温热的气息，以及生活在这片土地上的精魂们，一边着手创作。于是，全新的守护兽诞生了。

在香港佳士得拍卖的作品，是《遗迹的守卫者》。灵感来自亨比古迹群。全新的守护兽融合了日本的狛犬、印度教的神兽以及基督教和犹太教的神兽，是超越了国家、宗教的神圣遗迹守护者。

我希望，今后人们在看到我的作品时，能够从中感受到一种超越国家、文化、宗教界限的普遍真理。我认为将作品放到佳士得拍卖的意义正在于此。

在佳士得挑战世界

把作品拿到佳士得、苏富比等世界一流的拍卖会上去拍卖，这是挑战艺术前沿第一线迈出的第一步。

如果一名艺术家，只会自说自话"我画了一幅好作品，请多多帮忙"，然后送上作品，是不会有人理你的。想要把作品推向拍卖场，离不开画廊的大力协助。我也是得到了画廊的支持，才能够将作品送上拍卖场的。

作为一名艺术家，遇到一家可靠的画廊非常重要。他们会帮你一手操办销售、展览等一系列事宜，相当于发挥着代理商的作用。

在国外，业界一般的做法是"与其去看各种各样的个展，还不如去看一些大型的艺术博览会"。像瑞士的巴塞尔艺术博览会以及威尼斯双年展，集中了全球最具实力的艺术家的作品，可以将他们的作品"一次看遍"，自然观者云集。现场还会聚集各地的藏家、经纪人以及想发掘艺术新星的画廊。

对艺术家来说，艺术博览会同样是不可多得的发展机会。问题是，艺术博览会是以画廊为单位展出作品的，并不接受个人展位。而且，不是随便一家名不见经传的画廊就能出展的，只有那些拥有一流艺术家的画廊才有这个资格。

当我在准备到佳士得拍卖的时候，就曾经和画廊商量应当提交什么作品。在经验丰富的画廊精准判断的基础上，再经过佳士得的严格审查，最后才确定了拍卖作品。

当然，不是说作品提交出来，就万事大吉了。

既然是拍卖，就必须要成交。所以，还得事先确定起拍价格（估价），如果没有超过起拍价格则意味着作品无法登堂入室，还达不到进阶的水平。

如果仅仅是个别藏家轻描淡写的一次举牌就把作品纳入囊中，那还做不得数，必须要有某种程度的竞拍才行。如果没有多人竞拍，则说明你离世界的舞台中心还有好长的路要走。这是一个竞争非常残酷的世界。

就好比，艺术家是生产部门，画廊是营业部门，而艺术品的买卖就像一个"一级市场"。

不同之处在于，艺术并不是一锤子买卖。有的藏家买下作品之后，也可能转手给其他的藏家，或者放到拍卖场去拍卖。这个市场被称为"二级市场"，它在艺术界也扮演着举足轻重的作用。

在刚出道的画家个展（一级市场）上以10万日元买下的作品，日后再放到拍卖会（二级市场）上以1亿日元的价格卖出，像这样的投资神话在艺术界也并非鲜见。也就是说，画作未必会一直收藏在一个人的手上。

反之，如果某位艺术家的作品在二级市场被贱卖，则意味着他在艺术界的评价也在下降。极端情况下，有的作品通过藏家放进拍卖市场，却无人问津，这就意味着艺术家刚起步的艺术之路将被中断。

虽然绝大部分藏家都是真正的艺术爱好者，但其中也不乏投机分子，所以风险常在。话说回来，只有各色人等的参与，方能铸就艺术市场的繁荣。

因此，对于拥有艺术家的画廊来说，就必须要有足够的"实力"支撑起相关作品的应有价格，以免自己手里的艺术家在二级市场遭遇他们不愿看到的价格"滑铁卢"。总之，就算你只是单纯地想要进入海外市场，没有找到一家可靠的画廊，就什么也做不了。

一开始我也感觉其中的门道太过复杂，完全一头雾水，但是随着对其中规则理解得深入，我逐渐明白，作品得以进入佳士得拍卖，不是一次达成，而是一场挑战。

我第一次观摩佳士得拍卖现场，是在纽约的一场3.11慈善义卖会上，村上隆先生的作品参加了那次拍卖。

会场上，艺术界相关人员人手一本作品目录，大家在艺术家的名字旁边标注"这幅流拍""这幅成交价是××"，全部直接用数字来记录。在参与拍卖的数位艺术家中，有的名字后面被标上了"成交"的记号。

我首次参加佳士得拍卖会的作品是《遗迹的守护者》。虽然过程中有紧张，有不安，但所幸作品最后还是被一位长居新加坡的藏家拍走了。那位先生一直在收集我的作品，他说为了祝贺我，所以举牌以高价拍下了作品。

　　虽然还只是微不足道的成就，但我总算已经踏入了世界的入口。

成为一名"有牙齿"的画家

"我要更上层楼。为了得到更广泛的认可，那里有一个我非去不可的世界。"

在佳士得拍卖会上受到刺激的我，不禁回忆起在纽约的那段"高强度艺术集训"，于是下定了再出发的决心。这次，我准备挑战世界。

那就是，在纽约的时候，曾经并未认可我的那100家画廊。

那段时间，虽然身体已经筋疲力尽，可是回到酒店后依旧辗转难眠。不是因为时差扰人，而是因为悔恨不甘。深夜，我干脆起床把铅笔、画笔一股脑倒在床上，拿出素描本胡写乱画起来。直到把床单都弄得一团糟了，我的心情还是难以平复。当夜深人静、孤身一人时，翻涌的情绪更是直击内心深处。

不是战而不胜的失落，而是根本没有资格一战的不甘。当时我有一股强烈的念头：我一定要好好尝一尝这真正的苦涩滋味。

当然，那时候我可以放弃，然后逃回我的长野。所谓漫漫人生路，逃避最轻松，即使真的选择了逃避，日子仍旧可以继续。然而，我绝不愿选择逃避。

"谢谢你，纽约，让我品尝了悔恨、不甘的苦涩滋味。然而，我绝不会那么容易被击垮。让这苦涩滋味来得更猛烈些吧！来吧！来吧！来吧！"

从那之后，一晃三年过去了。我又经历了许多挫折，也积累了各种经验，但是，仍然不够，还远远不够。

我非常认真地想要成为一名能够站在世界艺术领域第一线战斗的画家。

当我说出这番志向时，却被当头泼了一盆冷水。

"小松小姐是一位致力于描绘那片看不见的世界的艺术家，对吧？却一心想要爬上作品动辄价值上亿的上层画家行列，这是不是有点太……"

我想，对方会这么说，多半是因为在他的认知世界里，画家就应当安贫乐道吧。

他觉得，不考虑金钱，不计较成败，在清贫中也能纯粹地持续坚持绘画，这样才称得上真正的画家。

的确，凡·高英年早逝，在三十七岁的年华便离开了这个世界，一生清贫如洗，死后方才声名鹊起。莫迪利亚尼同样一生潦倒，才三十五岁便因病猝然离世。

但是，凡·高死于1890年，莫迪利亚尼死于1920年。艺术，是走在时代前沿的开拓先锋，所以它必将流传至未来，并最终沉淀为文化。既然如此，为什么生活在二十一世纪的我，非要步一百年前先人的后尘不可呢？

要让世界听见自己的声音，坐等"总有一天，总有人会认可我"的奇迹发生，那将要等到天荒地老。毋宁说，即使等待再多的时间，也于事无补。

我不为名，也不为利。

我只是想要让更多人知道，灵魂如何一步步随着我们的生命在成长。我只是想要让更多人感受到那个人和动物平等一体的世界。我的使命，就是通过笔下的神兽，在欣赏我作品的人们，与那个看不见的世界、那个众神存在的世界之间，建立起某种联系。我正是想要认真努力地完成自己的使命，所以才希望更多的人能看到我的作品。

这份初心，始终如一，从未改变。所以，我才一直努力并真心希望，让尽可能多的人看到我的作品。

要实现这个愿望，就需要借助展览会以及艺术博览会等这些为人注目的平台，来展示我的作品。为了获得更多这种机会，我觉得最好的办法就是闯进世界一线的艺术市场。

虽然现在流行一种做法——"无须靠什么市场，只要自己一个人画出点什么，放到网络上，就能够登堂入室了"，然而每一件艺术作品都是独一无二的，靠网络动画、图片和印刷品这些媒介，根本就表达不出其精髓之万一。只有目睹实物，才能有所感悟。只有直接感知画作的能量，我们的灵魂才会为其所震撼。

从2017年开始便一直合作至今的白石画廊在台北为我举办的个展上，包括创作型歌手、实业家等台湾名流，成为我画作的新藏家。其中有一位七十多岁的先生。他在收藏界已经有四十年之久的经历，在他的私人博物馆里收藏了价值数百亿日元的美术品，甚至还有霸王龙以及猛犸象的骨骼标本。他不仅在绘画，而且在音乐以及体育等各方面都拥有极深的造诣。因为他信奉"人生就是对美这一概念的追求"，所以格局自然非同一般。

据说，那位先生曾经对白石画廊的首席执行官白石幸荣先生说过这样一句话："希望像她这般富有创造力、才情和天赋之人，能够得到耐心细致的培养。"

我从白石先生那里听到这句话后，再次切身感受到，过去那种认为艺术藏家们只不过是有钱人这一观点，真是一种误解。就拿我们自身来说，今天还能够看到凡·高以及伊藤若冲先生的画作被完好无损地保存下来，靠的不就是支撑艺术交易市场的收藏家们吗？

所以，有一次我受邀向想要考取美大的高中生寄语时说道："因为大学不再是义务教育，所以希望你们进入美大后，能够拿出加倍的热情，为自己的爱好而战。我希望你们不要妄自菲薄。你们是最棒的，所以请永远保持信心满怀。打一个诙谐的比喻，那就是请成为一名'有牙齿'的学生。"

　　我也希望自己能够一如既往满腔热情地战斗。谦虚固然好，但我绝不故作谦虚。

　　我希望自己成为一名"有牙齿"的画家。

团队协作

"Who is your behind?" 有一次，纽约瀑布画廊主——我曾经参加过其举办的展会——问过我这么一个问题。

纽约人才荟萃，有人八面玲珑，有人星光闪耀，有人才华横溢。那么，如果要问，透过这些表象大家看重的是什么？那就是看他们的behind（后盾）。简单地说，就是"有谁在帮助你？在你周围支持你的都是些什么人？"

就算你是一名艺术家，也不可能一个人包打天下。你必须要网罗帮手组成一个团队，共同去实现你的理想目标，更不用说如果你想进军海外，借助画廊的力量就更加不可或缺。

当然话说回来，画廊的力量固然重要，但并不意味着只要得到一家实力画廊的支持就万事大吉了。

帮我安排纽约艺术集训的盐原先生曾经这样教诲我："你最好到画廊举办的个展去走走看看，向他们讨教对个展画家及其作品的看法。你会发现，对于他们真正认可的画家，画廊的人定然会如数家珍地向你娓娓道来。从中你就能切身感受到，画廊对他们手中艺术家的那份诚挚热情了。"

诚如斯言。那些可靠的画廊对我关于他们的艺术家的问题，非常热心地给予了解答。

"你也觉得不错吧？实不相瞒，这可是一位非常了不起的画家。你看，其作品的真正魅力就在于……"光听他们的介绍，就给了我一个非常直观的感受：能得到如此看重，这一定是位前途无量的艺术家。

将心比心，那些画廊的热情反过来也让我暗下决心：对于画廊里支持我一路走来的人们，我也必须拿出真正能让他们为我自豪的好作品来才行。不，我要做的还远不止这些，单单创作出优良的作品还不够，还必须磨炼优良的人品。

在背后鼎力支持我的，还不只是画廊。实际上，在和画廊组队搭台的众多艺术家之中，我是个稍有不同的个例。我们的体制是，艺术家的我，加上策划人高桥先生，还有小山政彦会长、冈野社长以及"风土"的伙伴和团队。简单地说，就是"生产部门一人，公司内外的营业部门众多"。

正因为背后有了强大的团队，我才能专注于绘画，才能不断参悟，提升祈愿能力，并通过冥想增强人与灵魂的共鸣，在求艺之路上孜孜不倦。

在思考团队作用问题的时候，我不禁想起了在手岛佑郎先生的私塾里听课的事情。那是针对"要有光"这一句非常简单的话语的阐释。

在犹太教经典之一的口传律法《密西拿》中写道："神在说'要有光'之前，还另外说了十句话。"

开天辟地之神，简言之就是终极创世者。

但即使是如此伟大的神，也不是凭一己之力便创造了这个世界。我想，这位神之所以要花费另外十句的口舌，恐怕是因为除了这位主神之外，另外还有其他不听号令的神存在吧。也就是说，会不会主神身边还存在一个可以提反对意见的团队，帮助他共同完成了创世壮举呢？

如果真是这样，那么团队协作真可以说是应对创新最普遍有效的体制了。

世界上根本就不可能有一个人独自战斗的创造者，不是吗？

正是有了团队协作，创新才可能得以完成，不是吗？

这份感悟收获，令我受益无穷。

我并不是个精于打算之人。偏偏在下雨天出门的时候，我会一次性大量采购绘画用具。

我并不是个善于社交之人。在遇到性情不合的人时，我会因为太过紧张而显得情绪高涨，进而无法展现自己真实的一面，最终把对方也带到沟里。

我生性愚笨。我常常因为得意忘形而口无遮拦，而且往往犯了忌讳而不自知，每每要惹怒对方后才幡然醒悟。我就是这样后知后觉，而且容易好了伤疤忘了疼，在做人方面实在是笨手笨脚。所以，我比谁都需要有团队。这个团队，绝不是对我单向的"投之以木桃"，而是我也想尽己所能对这个团队"报之以琼瑶"。

天道昭昭

从2017年开始，我终于开始正式向亚洲进发，而实现这一步还得归功于白石画廊从中玉成。

在银座拥有两间画廊的白石画廊，非常有先见之明地把总部迁到了香港，并且在台北又增设了一间画廊。

白石画廊的首席执行官白石先生曾经这么说过："艺术热潮，世界巡回，轮流坐庄。"

十九世纪的欧洲艺术热潮，到了二十世纪转移到了美国，进入二十一世纪后，则开始转向亚洲。艺术无国界，所以它才算得上是真正意义上的自由旅者……

有鉴于此，白石先生才主张，不要拘泥于日本，不要受限于欧美，今后要把目光投向广阔的亚洲。

白石画廊台湾和香港的员工、海外战略专家、日本战略专家，太多人给予了我无私的帮助。

白石先生告诉我，和藏家们保持良好关系也非常重要。艺术品可不是随意买卖的廉价大白菜，藏家们肯用真金白银收藏，说明他们非常喜欢你的作品，并对你抱以了极大的关注。

我曾经一度认为"应当努力创作能够让很多人看到，适合在展览会上展出的大幅作品"，后来才开始面向收藏家们创作小幅画作。这么看来，其实收藏家们也是我的团队伙伴。

白石先生亦师亦友，他教给我的已经超越了艺术经营的范畴，他对我有着育成之恩。"如果追溯艺术历史，就可以发现最早的艺术作品是宗教画。严格来说，在宗教还未曾出现的原始社会，人们或许就已经开始在洞窟、绝壁以及岩石上刻画神明的形象了。再后来，是掌权者的肖像画、静物画、风景画以及表现画家内心世界的画。虽然描绘的对象一直在变，但有一点确定无疑，那就是人类最初描绘的一定是神圣的事物。人们看到这些画，从中反思借鉴、持身正己——我认为，这才是艺术和人类之间最初的对话、最纯粹的关系。说来也怪，我一看到小松小姐的画，就觉得这种对话穿越千年而来，它们渐次苏醒、栩栩如生。就像在上古的混沌中孕育了神明和宗教一样，或许也正是当下社会的混沌，孕育出了画家小松美羽。"

这是无上光荣的评价。白石画廊经营着上百位画家，其业务可以说囊括了日本一线艺术家的所有作品。

"在这个世界上，比小松小姐更会画画的，大有人在。但是，你的作品自有与他们不同的格调，你的作品独特且有力道。就连具有四十年收藏资历的资深藏家，都向我提起了你的作品。他说'就像无论谁来看，毕加索就是毕加索一样，无论谁来看，小松就是小松'。你的作品风格鲜明，自成一体。"

我向白石先生追问缘由，他说："或许，是因为小松小姐的生活方式、思考方式，能够和你的画一脉相承、相互契合吧。所以，小松小姐无法忍受不按照自己心目中的神明所认可的方式去生活。如果不是这个原因，那么你也不可能源源不断地画出那些力道十足的作品来。还记得初次见你的时候，我曾经问你：'你很有可能就是我一直在寻找的人才。但是，你能保证即便有朝一日成为万众瞩目的明星后，依然能够不骄不躁吗？'那时候，你曾经斩钉截铁地回答'当然能'。估计，换一个人，也会给出同样的答案吧。实际上在你回答的那一刻，我就相信了你。为什么？不是因为你信誓旦旦的话语，而是因为我相信你这个人。"

据说，白石先生小时候，每当自己做了什么坏事，就会在心里默念"上帝我错了，佛祖我错了"。反之，如果做了什么好事，即便表面上看起来自己吃了亏，但心里还是感觉像被暗中表扬了一般神采飞扬。或许，这就是日本人心中所信奉的"人在做，天在看"的伦理观和道德观吧。

"小松小姐的作品会说话，它们在告诫我，不要作恶。你的画作充满朴素的愿望，让我觉得要坚守正道，要祈愿美好。"

听完这番话，我深受感动：啊，这是一位明白人，他理解了我一直在上下而求索的使命。所以，我更加应当不负期许，更加应当时刻心怀神明、敬畏天道，坚持无愧于心的生活方式。

天道昭昭——我虔心祈愿，在这个波澜壮阔的"亚洲时代"，自己能够向世界展现这一颗日本难能可贵的道德之心。

被媒体报道也是一种"机遇"

我经常在媒体露面。

我觉得，这一切都发端于阿久悠先生的致敬专辑发行的时候，媒体介绍我是一位"美得不可方物的铜版画家"。

我不但上过电视游节目以及纪录片、电视新闻，而且2015年的创作活动还被电视节目《热情大陆》录制成节目。

2017年，我出演了为索尼的智能手机Xperia录制的CM。因为，我一向都是Xperia的忠实用户。机缘很简单，我在某个场合随口说了句自己喜欢拍照，经常用智能手机拍，结果有人把这话传给了CM制作人，然后邀约就来了。据说，当时正巧他们公司准备力推的卖点就是"Xperia具有强大的摄影功能"。

刚开始，我还不喜欢在公众面前抛头露面。我觉得艺术家当然要靠作品被大家认识。

更何况，于我而言，还不只是希望大家看到作品的表面，而是更希望大家通过我的作品感知神兽的世界。更进一步说，是希望通过神兽的世界，让大家了解隐藏在更深层次的那方众神的世界。

所以，我觉得大家把注意力集中在我本人身上，太表面、太肤浅。

不过，从某个时期开始，这种抵触情绪就完全消失了。不是因为习惯成自然，也不是因为开始爱上了那种被人吹捧的快感。

而是我意识到，这也是一种机遇。

2017年个展"神兽~二十一区~"举办时，我对前来观展的客层之广感到非常惊讶。附近的人、年轻人、拖家带口的一大家子、平时并不关注艺术的各色人等，他们会前来看展，靠的还是媒体的功劳。

以池坊流的掌门专好先生为原型的电影《花战》开拍后，我负责创作剧中的布景画。受其影响，与插花有关的业内人士以及一些上了年纪的人也前来观展。

还有《热情大陆》，以及Xperia广告片带来的影响。东京花园露台纪尾井町在电车里打广告以及在附近发广告传单，也带来了很大的影响力。

当时我就是很单纯地感慨："太厉害了！居然能吸引到这么多人。看来，今后有机会还是尽量多上媒体好啊。"

我并不是那种只在意艺术爱好者的评价的人。

我也从来没有认为"只要能理解的人理解就好"的高傲。

既然动物和人的灵魂都是平等的，就更没道理把人类内部分成三六九等，所以我想要所有人都能看到我的画。

我并没有出生在钟鸣鼎食的富裕之家，但母亲却常常对我们说："有什么想做的事情就去做，就算要借钱也得去做。"她总是鼓励我们，人生无定数，无论风雨彩虹只管去经历，只要有机会，就值得大胆去尝试。

　　在这一点上，水杉之梦的贵人高桥先生与我的母亲也有相似之处。他总是不厌其烦地教诲二十三岁的我："年轻就应该不慕荣利、学游四方，这一点太重要了。"

　　"一有机会就要立即行动。你呀，绘画的才能是有一些，但其他方面却完全不懂。你的人生经验太匮乏了，所以什么事情都要勇敢尝试。不要变成一个整天只知道沉迷于画家虚名中的艺术家。不要变成摆出一副'我就是一个怪人'那样自我感觉良好的艺术家。艺术家也是人，也要懂得礼义廉耻、进退有度。要懂得什么场合应该发挥个性，什么场合不应该，这样的艺术家才是真正的大家。"

　　我从来都喜欢依照自己的性子去画画，所以刚开始听到这些话时，嘴上答应"有道理，有道理"，然而压根没往心里去。每当收到媒体邀约的时候，我虽然也满心真诚地应承下来，但大多是抱着一种完成任务的心态："既然大家都说我经验值不足，那就多出去锻炼锻炼。"能有机会在电视上露面是很不容易的，这个道理我也不是不懂，但那时候的总体感觉就是，一切顺其自然，只管埋头拼命画我的画。

　　幸好遇到了高桥先生以及"风土"公司的一众同人，在他们的帮助下，我开始在媒体频频露面。随着经历日益丰富，慢慢地，我的认识开始转变。

现在，我已经把媒体作为一种向更多的人呈现自己作品的媒介，而且我也对他们心怀感激。

到了三十多岁，我更加明白了一个道理："媒体不可能永远都向我招手。"容颜和身体，只不过是容器，是一个躯壳。谁也不可能青春永驻。草木枯荣，花开花谢，红颜皓首，有什么区别？

我并不觉得，这一切值得悲伤。因为，灵魂自成长，而与肉体无关。

如果，人们风评的、媒体关注的，只不过是我的青春容颜，那么这一切终有曲终人散、人去楼空的一天。

反之，如果我能够冲破年龄束缚，成为一名创新无限的艺术家，那么不管到了五十岁还是八十岁，媒体的关注不会散去，关心我的人们更不会散去。

也就是说，在接下来的人生道路上，如何让自己不断成长，选择一种什么样的生活方式，将变得越来越重要。

我希望，不管活到了多少岁，人们看到我的时候，仍然还会从心底赞叹："哇，这家伙，还在做着一些有趣的事情呢。"

有"很讨厌"，所以也会有"很喜欢"

对犹太教的学习，真的令我获益良多。拉比和手岛先生的很多话，都是基于希伯来语原文的阐释，总是意味深长、丰富有趣，经常令我有醍醐灌顶之感，所以我一直都在继续努力学习。

在日本，我们总是日出而作，但是在以色列，一天是从漆黑的夜里开始的。那时候刺眼的太阳还没有露出身姿，白天的暑热在暗夜里温存和缓，人们带着平和的心境开始新的一天。

在手岛先生的私塾里，我学到了如下对光的认识：

在耀眼的阳光里，就算点燃蜡烛，也看不见烛光。但是，如果在漆黑的夜里点燃蜡烛，则能看见烛光洞明。

同样的道理，如果在黑暗中触动灵魂之光，就能看见自身的存在。正是因为在黑暗中，所以才能发现自身的存在，认清我就是我。

也就是说，认清自我，是生的开端。

"只有在黑暗中看见灵魂之光，你才能认识到真实的自我。从这个意义上说，黑暗其实很重要。虽然人总是要追求光明，但如果只有光明，人就难以看清自己。"

　　这些话，对我的生死观产生了巨大的影响。

　　有黑暗才有光明，倘若果真如此，我想那是不是就意味着，死才是真正的开始。

　　是不是，当人们迈进死后世界的那片"黑暗"之中时，才能够终于认清灵魂之"光"这一自身的本质存在？这样看来，死，根本不应该是我们畏避三舍的禁区，而是我们真正认清自我灵魂的那片至关重要的黑暗。这个世界和那个世界是相通的，死亡，并不可怕。

　　说到这里，八百万神明于神在月齐聚出云大社，也是发生在夜晚，所有的祭祀活动，也大抵安排在晚上。我们本就来自那片看上去鬼妖出没、死气逼人的黑暗，所以，我们原本就和那个看不见的世界相悉相连。

　　不过，我觉得，我们生活在这个充满光明的世界里，享受着各种便利的生活条件，却逐渐地失去了那些最为宝贵的东西。

　　所以，我要画更多照亮黑暗的光。我要画更多的神兽。

　　我要让那死亡的世界和黑暗，映现出观画人灵魂的亮光……

　　我习惯描绘黑暗，以前作品经常被人说"看着怪恶心的"。

　　在刚遇到高桥先生的时候，他也说："你的画的确很有意思，但不是每个人都能欣赏得来。有人会觉得恐怖，也肯定会有人很不喜欢。

所以你还是做好心理准备，或许没那么多喜欢你画作或是因此引起共鸣的人。"

尽管如此，高桥先生还是教导我："话说回来，很讨厌总比漠然要强上百倍。你就是要努力画出那些能让漠然的人一边觉得恐怖，一边又欲罢不能的画来。"

从这些话中反推可以知道，那个在身边的亲人接连离世、苦闷无着之际，从我的画中找到慰藉的高桥先生，从一开始就是很喜欢我的画的。虽然他是一位严厉得让我焦虑出心形斑秃的策划人，而且至今仍然还在不断地斥责我、教诲我，但高桥先生很喜欢我的画，很认可我的画，这一点毋庸置疑。

"我是你的策划人。策划人，自然从心底里相信自己认定的东西'很好'。相信了，就要认真地对待。认认真真地把'这东西很好'的信念，像病毒一样传播出去。所以我跟你说，实际上策划人在一开始既不是一种职业，也不是一份工作，而是担当，是使命。只有当最后把生意促成了，这时候所作所为才变成了工作，人们才会承认说你是个'策划人'。"

高桥先生相信我画的东西，并对我真心以待。他把自己一个人的信念像病毒一样传播，最终带来了以小山会长为首的"风土"一众同人，以及白石画廊的白石幸荣先生对我的倾力相助。

后来，又出现了真心觉得"很喜欢这些画"的藏家，以及各个画廊的人们。不仅如此，还有像大英博物馆的妮可女士一样，开始喜欢上狛犬的人。

"对草间弥生而言，绘画是治愈，是精神的安宁。对小松美羽而言，绘画是祈愿，是内心的信仰。小松美羽的最高魅力就在于'内心的纯度'。"

妮可女士如此的评价，我怎能辜负。

在觉得"喜欢"的庞大人群中，或许就会出现非常喜欢的人。而在一开始觉得讨厌的人中，或许有人会开始觉得"好像还不错"，而有所触动。

有田制窑的匠人们第一眼见到我画的狛犬时，似乎也感觉很疑惑："这是画的什么东西？"

"乍一眼看也看不懂，只是马上想到那烦琐的构造和制作的难度。可是，不知道为什么，那对狛犬却让人越看越顺眼，越看越可爱起来。"

就像这样，有时候讨厌有可能变为喜欢，但也不可能每次都碰上这么幸运的结局吧。

当然这世上还有一类人，他们觉得"我画我的，我高兴就好，我只要专心画画，别人爱怎么评价由他们去说好了"。不可否认，我自己也曾经历过这样的时期。只不过，现在的我应该认真地看待自己的使命，我画画是为了让更多人看到我的作品，所以我希望引起更多人的关注。

前路迢迢，不管是"很喜欢"也好，"很讨厌"也罢，未来的我还是会尽己所能吸引大量的关注，我整装待发，迎接未来的"喜欢、讨厌大作战"。

现场创作是一种建立连接的艺术

我时常会举行现场创作。

面对着巨大的画布或者屏风，我用一个小时左右的时间从零开始完成整幅画作。我穿着一身白色的袴服，献上祈祷，然后再开始作画。因为我觉得这是一件神圣的事情，就像在举行祭神仪式一样。

行为艺术，既不是我的原创，也不是最近才出现的新鲜事物。

1950年代，日本出现了被称为"具体派"的行为艺术，艺术家用脚即兴作画。在美国有极高声望的具体派艺术家白发一雄先生的作品，更是受到全球藏家的追捧。

美国艺术家杰克逊·波洛克的"行动绘画"也是行为艺术的一种。还有，用简单的几刀割破画布，创作出代表作《空间概念·等待》的卢西奥·丰塔纳，也是行为艺术的大佬。

虽然很早以前我就看过这些作品，也通过查阅资料来学习，但真正轮到自己披挂上阵，在众目睽睽之下画画，还是给我带来了意想不到的兴奋。

我的第一次现场创作是在2013年。那是在福冈的大濠公园能乐堂，受"空海剧场2013"之邀而进行的。

当时的表演专门安排了这么一个情节：我在能乐堂的舞台上配合舞蹈作画，当舞蹈结束的那一刻我的绘画也同时完成，舞台随之暗转。台下的观众情绪高涨，所以表演只能成功不许失败。

当时借用了一个专为德高望重的老师准备的"镜子房"，这样我可以在里面不受干扰地集中精神，没想到可能是太过紧张，我居然在里面吐了。

"咦？没想到，我居然这么脆弱啊。"这让我自己都吓了一跳。可是，当我直接走上舞台时，就没事了。

因为是把佛教从中国传到日本的佛教真言宗创始人空海圣僧的关联活动，我在台上开始描绘同样来自中国的狮子、狛犬。我仿佛感觉到台下观众们的凝神聚气以及他们所散发的能量，全都汇聚到了画里，我仿佛发现了新大陆：原来还可以用这样的表现方法！

后来，每当我在个展上举办现场创作之时，都能感觉到自己是借助着观众和自身的能量，来完成画作的。

因为现场创作蕴含着"把和大家一起绘就的画作，进献给神明"的意思，所以，慢慢地我在创作前加入了冥想，以及默诵曼特罗祷文。于我而言，现场创作已经演变成一种祭神仪式般神圣的事情。

但是，要在有限的时间内完成画作，为了擦拭手上的颜料，所以洁白的袴服很容易就变得五颜六色，就像在调色板上打了个滚似的。别说是手了，甚至连脸上、脚上也全都沾满了颜料，绘画前那个一身白衣的形象早就不见了。然而，那一刻我的心情却无比神圣。我还曾经在秋田县的生剥鬼节现场作画，总之就是用联通一切的大和力，做各种各样有趣的尝试。

我想通过各种努力，和欣赏我画作的人紧密联系在一起。

我希望更多的人能与绘画产生联结。

这样的想法，一年比一年更强烈。这也是我一直坚持举办现场创作的原因之一。

我之所以总是会出现在个展会场上，也是因为想要和前来观展的人紧密联系在一起。每当看到站在画前聚精会神欣赏的人们，我总是欣喜异常，更深觉愧不敢当。

当然，我绝不愿意去打扰观展的人们通过绘画观察另一个世界。因此，我即使出现，大多也只是在会场外面的出口周围，主动和看展出来的人们打声招呼。有一次在长野举办个展，我向一位从外县赶来的人推荐说："这附近就有一家荞麦面馆，味道好极了，您可以过去尝一尝呢。"对方笑着打趣我说："哈哈，小松小姐也做起观光导游来啦。"

我想让艺术更加亲民。我想让艺术变为所有人的艺术。

艺术不需要借助语言，和语言学毫无关系。当我在纽约举行现场创作的时候，也曾和众多的观众紧密联系在一起。

在今后的日子里，我依然一如既往，致力于把能够将人与人紧密连接在一起的大和力，推向全世界。

像神社一样的艺术

有个人，一直坚定地和我站在一起，从未动摇，那就是我的妹妹。

对我而言，她是无与伦比的至宝，我甚至曾经对妈妈说："谢谢您给我生了一个妹妹。因为您给了我一个妹妹，所以我永远都不需要其他生日礼物啦。"

现在，妹妹和她的毛丝鼠与我一起住在东京的那套居所兼画室里。可以说，不论是我的绘画还是生活，妹妹都是最亲密的见证者。

不过，最近妹妹突然对我说："姐，我觉得你好像变了。"

在此之前，我虽然到东京也有十五年了，却还是有点土气，而被说变得更成熟、漂亮的，反倒是妹妹。我有时候回到长野老家，邻居的阿姨不知是褒还是贬地对我说："哎呀，我们的美羽可还是一点都没变呢。"

这些话，我都是左耳进右耳出。

不过，这次妹妹却说得相当严肃："姐，是你的画变啦。以前姐姐的画感觉就是'想要让大家都明白些什么'，更多的是展现自己的那种自我主义风格。但现在不同了，现在看到姐姐的画，让人感觉就像进到神社里一般。"

对我来说，这可以算是最高的评价了。因为是自己的亲人说的，所以多少可能有些偏心的成分，但我当时暗下决心，一定要努力成为那样的一个人。

我要拿出像神社一般的艺术作品。

上短期大学的时候，为了筹措学费，我开始在居酒屋打工，那也是我有生以来第一次接触那么多的白领。他们全都扯着嗓子高声说话，饮酒买醉，好不热闹。

居酒屋的工作要求手脚灵活利索，要麻利地为顾客下好单，不停地为顾客摆酒上菜，桌上的空盘瓶罐要及时撤走，等等。然而，我却总是不够机灵。没办法，最后我大部分时间只能负责干些清洁厕所之类的活，收拾烂醉如泥的客人喷得满地的呕吐物。

从坂城町的乡下来到大都市的我，总觉得白领是个不可思议的群体。明明前一秒钟还一个人在厕所吐得翻江倒海、苦不堪言，转身摇摇晃晃走出厕所一回到酒席上，马上就像换了个人似的，又开始"耶！耶！耶！"地吆五喝六起来。

都说撑起日本的就是这些白领，我想他们应该很辛苦吧。这么一想，我的爱心就泛滥了，于是在心里为他们加油打气："好吧，要吐就吐个痛快吧！你们尽管吐，我来负责帮你们清理得干干净净。放开喝吧！放心吐吧！"

人群熙攘，这么多的白领，他们平日里都在做些什么呢？

我的老家长野农民很多，但谁家是种包菜的，谁家又是种苹果的，大家全部了然。比如我的父亲自己开了个小工场，专门生产精密机器部件，生产什么东西谁都知道。再比如有一位和我爸爸关系非常好的叔叔，他家的工场就只生产弹簧，所以大家给他取了个外号叫"弹簧叔"。

工场里的工人，身上都飘着一股机械和机油的香味。乡下的农民，他们的衣服上则散发着泥土的芬芳。在我们那里，通过一个人的衣着打扮就能知道对方从事着什么样的工作，我就是在这样的环境里出生、长大的。

这里就不同了，这些支撑起日本经济的白领，全是千人一面的西装革履，根本分辨不出谁是干什么的。每天生活在这样的环境中，想必是很难感受到灵魂这种东西的吧。

我想，正是这些人，如果让他们接触接触艺术，说不定会带来什么改变呢。有人可能会说："什么？去美术馆？我记得我上一次去，已经是修学旅行时候的事情啦。"但正是这样的人，我更希望他们能去欣赏艺术。为了实现这个愿望，我想创作出大家都能看到，并且像神社一样对所有人都开放友好的艺术作品。

冈本太郎先生的《太阳之塔》更像是一种公共艺术，不管对艺术关心还是不关心的人，在看到作品后都能在心里留下一个象征性的印象。相信它也能给当地人带来精气神吧。

还有，神社里的狛犬先生其实也能被称为公共艺术。他总是与我们近在咫尺，有时候还会来到我们身边，守护我们的灵魂。

我想创作出那种能够让擦肩而过的路人一看之下，便能得到灵魂安宁的公共艺术作品。我想创作出那种像祭土地和祈祷那样，能够给遭遇不幸的人带去慰藉的公共艺术作品。这样的作品，深受那个看不见的世界中的灵魂和神兽的喜爱，成为他们聚居的精魂家园，想必在我百年之后依然能够保持蓬勃的生机。

就像现在已经无人知晓到底是谁创造了斯芬克斯一样，到那个时候，或许我的名字也早已消失在了浩瀚时空之中。但是，那些借助科学手段打开了第三眼的未来人类，在看到这些作品之时或许会相互好奇地交流道："创作出这些作品的古人，一定曾目睹过神兽的世界吧。"我想，在那一刻，我那"描绘现在，延续过去，连接未来"的使命便算达成了。

就像我们平时路过的那些神社一样，就像那远古的拉斯科洞窟壁画一样。

要创造出那样的艺术作品，虽然光靠现在的肉体生命这点时间或许还远远不够，但我仍然决定坚持不懈、勇往直前。

我跟随手岛先生学习犹太哲学已经有七个年头了，就在我写这本书期间参加的一次学习会上，先生给我上过这样一课。

他说："'succeed（成功）'一词，是从'sub+ceed'的词根中演变而来的。"

"'sub'是潜藏、潜伏的意思，而'ceed'则是前进、贯穿、坚持不懈的意思。合起来就是说，所谓的成功，就意味着在目标达成之前，要甘于寂寞，日复一日坚持不懈地做下去。

　　"犹太人中之所以能出现那么多成功者，就在于他们很多人在目标达成之前，能够甘于寂寞，日复一日，坚持不懈地做同一件事情。"

　　先生的话语，更加坚定了我的决心。

艺术无国界

虽然我们平时总是说"日本的传统文化",但我却觉得,日本文化实际上也不过是组成地球历史拼图的一小块罢了。

虽说有田烧是日本的传统文化,但说到瓷器,却绕不开中国和欧洲。

虽说和服是日本的传统文化,但是我们看看奈良正仓院收藏的献纳品就会发现,它其实是从中东的纹样改编而来的。

所以我觉得,无论说"日本的传统文化真了不起",还是认为应该"尊崇中国文化",抑或觉得"说到文化,非欧洲莫属。不,世界文化皆源于中东",这些观点都失之偏颇,我们应该把所有文化都当作地球遗产拼图中互相关联的一小块。

然后,充分发挥具有融合之力的"大和力"的作用,创造出像马赛克镶嵌一样绚丽多姿的世界文化,这才真正是我们人类之大幸。

要做到这一点,首先我们就要尽可能多地了解其中的每一个小块。

而日本这一小块，我尚且还只了解了冰山一角，而且越了解我就越感觉兴趣盎然。你看，轮岛漆器是那样巧夺天工，而京都的传统印染又是何等高深玄妙……

2016年，在长野县轻井泽召开的七国集团（G7）交通部长会议期间，我受邀设计一款丝巾，作为赠送给各国女性大使以及大使夫人的礼物。接到任务后，我和博多织的匠人们以及冈野先生几经会商，群策群力。

最后设计出来的作品，不是统一用日本风设计的同款七条丝巾，而是每一款都各具特色，每一条都染上了他们各自国家国鸟的羽毛颜色。

正好我的名字叫"美羽"，也有个羽字。凤凰也叫不死鸟，是神兽。基督教中作为神的化身的鸽子，也是那个看不见的世界派来的使者。

2016年，我去了一趟以色列。

那一年，我在纽约现场创作完成的作品被世界贸易中心四号楼收藏，而这一切都归功于杉原千亩先生的儿子杉原伸生先生在其中穿针引线。

说起杉原千亩先生，就不得不提他在第二次世界大战期间，向惨遭纳粹迫害的犹太人发放了"救命签证"，挽救了无数宝贵的生命。在纽约的犹太人为数众多，对他们而言，那段种族灭绝的大屠杀惨痛遭遇并非遥远的历史事件。

正是因应这样的机缘巧合，再加上当时我正好在手岛先生座下学习犹太教知识，而且我觉得天下所有的宗教应该都是万变不离其宗的，所以我觉得有必要到耶路撒冷——基督教、犹太教、伊斯兰教的共同圣地——去亲自走一趟。

我母亲虽然平时去得最勤快的还是神社佛阁，但是每当星期天家里附近的教会在发小点心的时候，她又会提议说："不如去星期天教室，领点小点心，听听布道吧？"

所以，很早以前我就听过基督耶稣在约旦河受洗的《圣经》故事。后来，又仰赖手岛先生的教诲，接受了更为系统全面的知识体系。

结果到实地一看，约旦河只不过是一条茶褐色的小江流。"原来只有一条普通小江的大小"——虽然心里这样想，然而圣地毕竟是圣地，看波涌天际，思古往今来，还是不免令人心摇神驰。

我挽起牛仔裤的裤脚，把脚泡进水里，望着约旦河的对岸发呆。

约旦河两岸的距离，比起千曲川来还要近了不少。我还清楚地记得，当时的孩子要上了中学以后，才被允许独自走到千曲川的岸边。

以色列实行普遍义务兵役制，路上可以看到一些年纪比我还小的年轻人身穿军服，手持步枪施施而行。他们就这么背着杀人的工具，吃午饭，喝咖啡，大家也都习以为常。

在约旦河也有年轻的以色列士兵持枪警戒，而河对岸同样有约旦的年轻士兵持枪站岗，他们都随时准备和对岸的国家兵戎相向。

"河不大，感觉徒步就能哗啦啦地涉水过河。但如果我真的胆敢涉水过河，恐怕会立马死在约旦士兵的枪下吧。"我这样想着。

在这里实地感受到的宗教隔阂，比我在日本国内时候想象的要严重得多。几步开外持枪站岗的，却是年轻的孩子。

就在那一刻，我突然发现，河对面约旦士兵住的小屋屋檐下，居然有白色的鸽子。鸽子嘛，在大街上倒是见怪不怪，但是真没想到在这种地方也能看见。

"真像《圣经》中描述的世界一样啊。"我展眼望着这一切，就在这时，鸽子突然飞了起来。

鸽子飞翔在天际的身姿映衬在阳光里，那情景圣洁无比。

鸽子瞬间飞越约旦河，然后，降落在河这边以色列士兵住的小屋前。或许，对于在河面上往来飞行、自由生活的鸽子们来说，并没有此岸、彼岸的区别吧。

那一刻，我似乎参悟了我自己所描绘的那些神兽和精魂的本质，发现了他们超越国境的那股祈愿力量的源头。

不管哪个国家，都不过是这个地球上的某个角落罢了。

不管哪颗星星，都不过是这个宇宙中的某个角落罢了。

在这世界上，任何文化、任何宗教都值得尊重。在这世界上，不论是动物还是人类，都拥有平等的灵魂。

神兽和守护兽，在默默守护着那个没有差别歧视、充满和平祈愿的世界。

我想要把那个世界，和这个世界连接在一起。

我想要通过艺术，打造一个没有此岸和彼岸的世界。

每当清晨醒来，我都会焚香，祷拜。

"所有宗教的神明，吾心拳拳，向你们敬以挚谢。我谨此向你们进献我的诚心。诚请众神通过我的画作降临世间。"

绘画是我的使命，为了完成我的使命，有很多东西需要我去描绘。所以，我没有一丝一毫的时间可以萎靡怠惰。

没有疑惑。也没有不安。

今天，画。明天，画。后天，还是画。

我，将一直画下去，永不停歇。

你，又会向谁祈祷呢？

你，又会一直坚持做什么呢？

你的灵魂知道这些答案，所以，希望你有朝一日能够回答自己。

后　记

谢谢您耐心看完这本书。

同时，也向我今后漫长的人生道路上，与我有关联的人，支持我的人，因为绘画而结识的人，和我携手共进的人，以及在今后的日子里有缘相见的人，致以诚挚的谢意，谢谢你们！在写这本书的时候，每每回忆起前尘往事，我都觉得那一点一滴全是成长之路上不可或缺的一部分。那些经历教我良多，并造就了今日的我，虽然一点也不轰轰烈烈，只不过是你我都会经历的一些不值一提的小事……

如果有人问起："哎，我说，如果能回到过去，你想回到什么时候？"我的答案是，我并不想回到过去。因为，所有过往，都是现在和未来不可或缺的一部分。

不是因为那些日子有多么特别，而是因为现在我终于能够慢慢地切身感受到，那是只有通过日常生活的积累才能够明白的恩赐。

而此刻手上捧着这本书的你也和我一样。如果你觉得自己太过平凡，如果你身处今日却悔不当初，那么，我希望这本书能让你明白，此刻站在这里的自己是多么与众不同。

你有在意过自己的每一次呼吸吗？

我们吸进去的气，在下一秒还能顺利地呼出来吗？

再下一秒，我们还能像前一次一样吸气吗？

多么习以为常的动作。但那是因为我们还活着，所以才显得习以为常。如果有一天我们的肉体衰朽只剩脱壳的灵魂，那时候我们再来端详这份曾经视而不见的独特动作，是叹息，抑或是感激？

正是有了这不起眼的一呼一吸，我们的心脏才能跳动，筋肉才能发力，脑袋才能思考，我们才有资格奋力地活着，才能去完成自己的使命，才能去感受周围有哪些人，他们和自己有什么关系，才能日复一日迎来送往我们习以为然的日常生活。

然而这一切，既是特别的，也是平凡的，如果将其抽丝剥茧分解成最单纯的东西，结果其实并无二致——不管是知名人士、历史人物，还是我们自己，概莫能外。我们所有人活着，都是在为下一次呼吸做准备。

现在，我和一只毛丝鼠还有我的妹妹住在一起，在每天的日常生活中，我所感受到的是实实在在的语言的温度、生命散发出来的气息，以及在宝贵的时光中的情感牵绊。

妹妹早上起床时，经常都会惊呼我的绘画进展。因为我常常通宵达旦地工作，一口气完成一幅作品。久而久之，不知道从什么时候开始，我期待着看到妹妹早上起来脸上惊讶的表情，有时候夜深人静，我便一边想象着妹妹第二天早晨起来后的那副表情，一边挥舞我的画笔。就像孩子般那样。

如果和灵魂的轮回做比较，那么孩子和大人之间那几十年的差距就显得微不足道了。

比如，想象一下你的灵魂已经好几万岁了，回过头来再看肉体的年龄，是不是小得可以忽略不计呢？我常常在想，自己能够通过绘画和台湾的大家联系这么紧密，或许是因为前世的我就是一名台湾人也说不定啊；还有，我这辈子对狍犬和斯芬克斯这么着迷，说不定是因为我前世的前世就是一名在斯芬克斯工地上搬运石头的工人呢。

这么一想，我不由感觉整个地球都成了自己的故乡。如果说，通过"和"的方法把各种各样的文化重新设计整合在一起的力量叫"大和力"的话，那么我们也可以把这种感觉叫作灵魂的大和感。

如果站在灵魂的角度去思考，则从孩子迈向大人的成长过程就会变得更加纯粹。每个人都应当努力让自己的灵魂不断成长，对我来说，这份成长就是将灵魂、神兽这些一般人看不见的存在通过具象化的方式传递给大家，而正是这份使命感，让我拿起了手中的画笔。

肉体的快乐或许可以通过金钱来获得，但肉体的快乐是有限的。正因如此，我才要画狍犬，希望告诉你并衷心祈愿，要坚持对灵魂的关切。"你的灵魂是美好的吗？"希望狍犬不要放弃守护人们，我如此祈愿……

希望画可以成为治愈你的灵魂的良药……

既然没有永恒，那么灵魂的轮回究竟能持续多久呢？

今天，我们能活在这世间就是一个奇迹，是一个大海捞针般难得出现的奇迹，而我绝不会选择庸庸碌碌地辜负这份奇迹。我不要埋下任何悔恨的种子。我要迎着光明奔跑。我要乘着身后对我关怀备至、予我无限力量的团队，挥动美丽的翅膀飞向广阔的蓝天。

别张着大嘴发呆！

勇往直前！

最后，附上我今后人生道路上的座右铭，与你共勉！

那些在人前假意堆砌的辞藻

并非你的本心

切勿至死不明本心为何物

如果有一天甚至没人再讨厌你

那便是你的凋零之期

口舌之争其实不过是自我贬损

口碑载道方为立身之本

谁都不能傲慢

任何人都不能傲慢

这并不是妄自菲薄

那些能让你开眼看天地的朋友

只要你愿意，就在你身边

如果有朝一日你因为失败而追悔莫及
就算被对手嘲笑
就算被对手轻视
也要咬紧牙关是非分明
振作起来
勇敢做自己

没有什么人与众不同
那只不过是一个无关紧要的形容词
你我都一样
然而正因如此，你我更要活出别样的精彩
为了成全那肩上的使命

正是为了身边这些不离不弃的伙伴
才更应百尺竿头奋起有为

只要身边有朋友叮咛我们初心不变
不要心高气傲
不要得意忘形
不要口舌之利

只需专心成长

只要遵从灵魂的意志

草鸡也能

飞上枝头

变凤凰

孜孜以求不为精湛的画技

唯求更强的祈愿能力

我将继续坚守这样的自己

感谢！

SEKAI NO NAKA DE JIBUN NO YAKUWARI WO MITSUKERU KOTO
by Miwa Komatsu
Copyright © 2018 Miwa Komatsu
Simplified Chinese translation copyright ©2021 by China South Booky Culture Media Co., Ltd.
All rights reserved.
Original Japanese language edition published by Diamond, Inc.
Simplified Chinese translation rights arranged with Diamond, Inc.
through BARDON-CHINESE MEDIA AGENCY.

著作权合同登记号：图字 18-2020-093

图书在版编目（CIP）数据

神兽引领的使命 /（日）小松美羽著；伍能位，潘
郁灵译 . -- 长沙：湖南文艺出版社，2021.1
ISBN 978-7-5404-7981-7

Ⅰ . ①神⋯ Ⅱ . ①小⋯ ②伍⋯ ③潘⋯ Ⅲ . ①小松美
羽-自传 Ⅳ . ① K833.135.72

中国版本图书馆 CIP 数据核字（2020）第 189583 号

上架建议：畅销·艺术

SHENSHOU YINLING DE SHIMING
神兽引领的使命

作　　者：［日］小松美羽
译　　者：伍能位　潘郁灵
出 版 人：曾赛丰
责任编辑：刘雪琳
监　　制：刘　毅
策划编辑：刘　毅　柳泓宇
文字编辑：刘　盼
营销编辑：刘晓晨　刘　迪　霍　静　段海洋
版权支持：金　哲
封面设计：SUA DESIGN
版式设计：潘雪琴
出　　版：湖南文艺出版社
　　　　　（长沙市雨花区东二环一段 508 号　邮编：410014）
网　　址：www.hnwy.net
印　　刷：北京中科印刷有限公司
经　　销：新华书店
开　　本：770mm×995mm　1/16
字　　数：143 千字
印　　张：12.5
插　　页：26
版　　次：2021 年 1 月第 1 版
印　　次：2021 年 1 月第 1 次印刷
书　　号：ISBN 978-7-5404-7981-7
定　　价：88.00 元

若有质量问题，请致电质量监督电话：010-59096394
团购电话：010-59320018